KB112096

순 엉터리
사주팔자!
입식立式 부터
바꾸어라

순 엉터리 사주팔자! 입식부터 바꾸어라

발행일   2016년 01월 18일

지은이   최 영 철
펴낸이   손 형 국
펴낸곳   (주)북랩
편집인   선일영   편집   김향인, 서대종, 권유선, 김성신
디자인   이현수, 신혜림, 윤미리내, 임혜수   제작   박기성, 황동현, 구성우
마케팅   김회란, 박진관, 김아름
출판등록 2004. 12. 1(제2012-000051호)
주소   서울시 금천구 가산디지털 1로 168, 우림라이온스밸리 B동 B113, 114호
홈페이지 www.book.co.kr
전화번호 (02)2026-5777   팩스   (02)2026-5747

ISBN   979-11-5585-863-9 03150(종이책)   979-11-5585-864-6 05150(전자책)

잘못된 책은 구입한 곳에서 교환해드립니다.
이 책은 저작권법에 따라 보호받는 저작물이므로 무단 전재와 복제를 금합니다.

성공한 사람들은 예외없이 기개가 남다르다고 합니다.
어려움에도 꺾이지 않았던 당신의 의기를 책에 담아보지 않으시렵니까?
책으로 펴내고 싶은 원고를 메일(book@book.co.kr)로 보내주세요.
성공출판의 파트너 북랩이 함께하겠습니다.

순 엉터리 사주팔자!

도솔명리학의 논리구조와
사주팔자四柱八字의
감명監命 프레임(Frame)

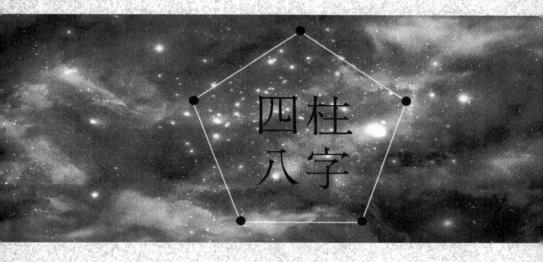

四柱八字

입식立式 부터 바꾸어라

도솔명리학,
명리학의 새로운 세계를 열다!

최영철 지음

북랩 book Lab

서序

　이 책은 동양학의 음양오행을 공부한 사람들이나 특히 명리학을 공부한 사람들이 읽고 공부하기에 더욱 타당하고 또 단번에 일취월장할 수 있도록 초점을 맞추었다. 이는 도솔명리학도 그 요체要諦와 사주입식 그리고 그 학술적 논지에 대해서는 별도의 기초 이론과 해설서를 필요로 할 만큼 방대한 논지들이 존재함은 사실이다. 그러나 차후에 기회가 많이 있을 수 있는 이들 논지와 이론적 바탕 그리고 그 해설을 중시하기보다는 예컨대 명리학에서도 초급, 중급, 고급의 공부가 있다고 가정한다면, 중급 이상의 공부를 한 사람에게는 **크나큰 깨달음과 소름 끼치도록 놀라운 적중력的中力을 가지는 감명의 세계를 바로 경험할 수 있도록**, 기존 명리학과는 너무나 상이한 논리 구조와 감명 프레임 그리고 그 요체들을 직설적이면서도 우선적으로 제공하고자 하는 취지가 더욱 중요하다고 판단되어 크게 작용되었기 때문이다.

　말하자면 비록 우후죽순처럼 소위 철학관들이 생겨나고 공부하는 학인들이 많아져서 전성기를 이루고 있는 것처럼 보이지만, 실제로는 명리학에 대한 탄탄한 기초이론이 너무나 부족하고 또 실제 그 내용들이 고도의 과학적 지식과 물리적 식견 그리고 개인주의적 학습으로 무장하고 있는 사람들에게는 그다지 합리적이거나 타당하지도 그렇다고 차원을 넘어서는 설득력이나 일관성 있는 논리들도 부족할 뿐이어서, 그저 명리학 자체가 고전에만 의존해 너무나 지지부진하고 진부하다는 말이다. 이런 이유로 명리학은 그저 현실적으로 흥미끌기의 잡학 따위로 퇴화하여 오히려 죽어가고 있다는 것이 현대의 명리학을 냉정하게 바라본 자화상일 것 같다.

이처럼 침체의 늪에 빠진 명리학계와 실전적인 감명監命 현장에, 명리학의 방대한 논지와 이론적 바탕 그리고 그 해설을 새로이 규정하고 재조명하는 따위의 이론서보다는, 실제적이고 실전적인 책을 통해서 명리학을 시급하게 알리고 또 현실적으로 하루빨리 검증이 이루어지게 하고자 하는 심정이 절절하였다. 그리고 이 출간을 계기로 제대로 된 기초 논리와 바른 줄기 내지 참된 이치의 터를 가진 동양학들이 우후죽순처럼 생겨나길 기대하였기에, 다소 논리적으로 본말本末을 전도顚倒하여서라도 새로운 명리학의 운명적인 탄생을 세상에 알려보고자 하였고 이는 기존명리학계에게 정통으로 던지는 돌직구直球인 셈이다.

이상과 같은 취지에서 도솔명리학이 적잖은 시간동안 태동胎動하였고 지금에서야 현재까지 존재하거나 알려진 명리학파나 명리학설과는 논지의 근원부터 감명의 논지와 기술에 이르기까지 전체적으로 너무나 다른 명리학이 탄생한 것이라 하겠다. 이들을 구체적으로 몇 가지 대별大別해 보면 다음과 같다.

첫째 기존 명리학에서 논지하는 일체의 음양오행론과는 다른 음양육행론을 논지의 바탕으로 명리학설을 세우고 있다.

둘째 현재 일반화되고 표준화標準化된 일체의 만세력이나 명리학 관련 서책에서 설정하고 있는 방식으로 세우는 기존의 사주명리식(사주팔자)과는 그 취용取用 원리가 달라 월건月建이 다르다.

셋째 (따라서) 사주명식에 있어서의 팔자로 나타내는 천간지지가 바뀌게 되므로 모든 사람의 50% 이상의 사주팔자의 월주月柱가 바뀌어져 다르고 경우에 따라서는 년주年柱의 천간지지도 바뀌게 되니 다르다.

넷째 세워진 명리식을 기준으로 설정하는 대운大運의 전환 시기가 완전히 달라 소위 대운大運의 수數가 다르다.

다섯째 대운의 순행이니 역행이니 하는 이론을 배척하여 인용하지 않는다.

여섯째 사주감명의 기초 논지가 되는 12운성포태법胞胎法 그리고 천간天干과 지지地支의 합충파해合沖破害 이론에 대해서도 취용하는 논지가 근본적으로 다른 '도솔의 12운성포태법'을 인용하여 새로운 명리학을 세우고 있다.

일곱째 (나아가) 사주팔자의 감명監命 논지와 기술에 현대물리학을 도입하여 새로운 기초 논지를 제공하고 있으므로 현존하는 기존의 일체의 명리학과는 명확하게 구분된다 할 것이다.

이 명리학을 일러 도솔명리학이라고 하였다.

도솔명리학은, 사주명리학이 사람의 생년월일시의 8개 글자로 인생에서의 여러 가지 행로에서 그 길흉吉凶을 감명하거나 미래를 예측하는 이론과 학술이라는 근간根幹은 수용하고 있으나, 기존 학설과 이론의 학술적 취지와 논지의 일부분을 제외하고는 삼라만상이 생사멸生死滅하는 근본 이치를 물리학적인 논지로 새로이 정의하여 사람의 운명을 비춰내고 있다. 기존의 음양오행 이론으로서는 삼라만상森羅万象이 생사멸하는 이치를 설명하고 적용하기에 너무나 턱없이 부족하여 도무지 불감당不堪當이다. 이에 도솔명리학은 음양육행론을 설정하고 있으며, 이 논지들을 바탕으로 삼라만상의 생사멸에 대한 이치를 설명하고 궁극적으로는 사주명리학을 새로이 정의하고 있는 것이다.

덧붙이자면, 도솔명리학은 기존의 명리학설들이 놓치고 고착화시킨 오류誤謬를 바로잡아, 고도화된 서양의 물질 과학문명과 이들을 받치고 있는 미시微視 거시물리학巨視物理學을 비롯한 온갖 학문들에 눌려 압사되거나 사라질 지경에 이르고 있다고 해도 과언이 아닌, 그래서 간신히 일개의 문화적 개념 정도로 전락하고 있는 일체의 동양학에, 삼라만상이 생生하고 사死하고 멸滅하는 것에 대한 실로 새롭고 놀라운 근본 이치와 원리가 담겨 있는 요체要諦를 제공함으로써, 궁극적으로 소위 음양오행의 진리와 관련된 모든 학문은 물론이거니와 이에 비롯한 일체의 문명과 문화에 대하여 동양학이 서양학에 못지않거나 오히려 초월해 갈 수 있는 매우 중요한 단초와 계기가 되어 줄 것으로 기대한다. 도솔명리학은 탄탄한 이치理致와 정법正法만을 추구해 풍부하고도 충분한 기초 논지들을 두루 담고 있다고 하겠다.

그러나 무엇보다 도솔명리학의 실전 응용에 대한 보다 빠른 검증을 위해, 일반적인 명리학의 전개방식과는 다르게 이 책의 전반부에 '도솔명리학식 음양육행론의 간단한 설정, 사주팔자 입식과 대운 설정, 그리고 그 감명을 위한 12운성포태법'을 위주為主로 논지를 설하였고 오히려 도솔명리학의 기초이론인 십간론, 12지지론, 천간의 합충론, 지지의 형 충 회 합에 대한 논리들을 비롯한 만세력의 새로운 규정과 샘플 등을 이 책에서는 후반부 부록편에 할애하여 부분적으로 설하고 있다. 이렇듯 부록에서조차 '도솔명리학식 사주팔자 입식과 대운 설정 그리고 12운성포태법'에 대한 논지가 탄탄함을 엿볼 수 있을 정도로만 내용들을 설하여 뒷받침하도록 한 것은, 기존의 명리학에서 제시하고 있는 사주팔자의 치명적인 오류를 쉽고 빠르게 파악하는 것이 너무나 급박한 일이기도 하고, 사실 도솔명리학의 기초이론 만으로도 기존의 엉터리 사주팔자에 대한 이슈를 만들어 가기에 결코 부족함이 없으며, 아울러 이들 오류誤謬를 바로 잡아 제시하는 것만으로도 새로운 명리학의 세계를 열어 가는데 결코 부족함이 없을 것이라는 판단에서이다.

이 밖에 이 책에서 서술하고 있는 도솔명리학의 학문적 학술적

구조 내지 논지의 프레임(Frame)에 대하여, 혹여 설왕설래 온갖 억측과 모함 그리고 아전인수식 인용으로 인한 명리학자나 명리술사들의 이전투구泥田鬪狗적인 논쟁을 예방하기 위한 취지趣旨도 작지 않아 이른바 도솔명리학식 사주팔자의 입식 시스템과 그 감명 구조 내지 주요 프레임 그리고 간략한 요체要諦만을 위주로 우선적으로 먼저 공개하기로 한 것이다. 따라서 이 책의 발행 취지를 선후배 제현들이 깊이 이해해주시길 바란다.

아울러 분쟁의 소지를 막기 위해 이 책에서 서술하고 있는 모든 내용과 논지는, 말하자면 도솔명리학의 사주四柱 입식이론과 이 입식이론에 맞는 새로운 월건月建 방식의 설정, 또 이 설정 방식에 따라 구성하고 있는 새로운 만세력, 즉 24절기와 월月의 새로운 짝을 이룬 월月의 적시摘示는 물론 각 월의 절입節入 일시日時의 변경에 따라 변경된 대운의 수數를 적용하여 적시摘示하고 있는 만세력까지 포함하여 모두 저작권이 등록되어 있음을 밝혀둔다.

끝으로 비록 이 책이 동양학 내지 사주명리학과 관련하여 공부하고 학인學人이나 학자學者 그리고 기타 관련 업종에 종사하고 있는 사람들을 위한 책인 것은 분명하지만, 그렇다고 **그들에게만 필요한 책은 결코 아니다.** 가령 동양권에 사는 사람이라면 특히 한국, 중국, 일본 3국의 국민이라면 본의든 타의든 자신의 사주팔자에 전혀 문외한이거나 절대적 방관자로 있기가 사실 쉽지 않다. 왜냐하면 대개 그 누구라도 교육과정을 마치고 사회생활을 쌓아가면서 특히 혼인을 준비하게 되면서부터는 더욱이 사주팔자의 전통적 풍습과 관례(남녀의 사주팔자를 교환하는)를 결코 외면外面할 수 없는 것이 현실이기 때문이다.

하여튼 이런저런 적지 않은 이유들로 인해 거의 모든 사람이 자신들의 생일을 기반으로 하는 사주팔자에 관심을 가지지 않을 수 없다. 그렇다면 비록 평범한 사람들이라도 반드시 이 책을 읽고 그 요지를 되새겨 자신의 사주팔자에 새롭게 의문을 가질 수 있어야 한다. 두 눈을 부릅뜨고 자신의 사주팔자가 정확하게 세워진 것인지 전문가들에게 요구할 수 있어야 한다. 그리고 그들이 전문가들이라면 응당 세워진 사주팔자로 의뢰인의 성품과 삶의 과정을 빗대어 검증할 수 있어야 한다. 만약 적어도 30~40%마저 제대로 검증되지 못한다면 그것은 **순 엉터리 사주팔자를 세우고 있기 때문**이라고 보면 틀림없다. 따라서 이런 판단을 가지고 있다면 현란한 말솜씨에 속임을 당하여 결코 피해를 보는 경우가 없을 것이다.

결국 자신의 한평생을 따라다니고 있는 사주팔자라는 것이, 만약 바르고 타당한 이치理致에서 어긋나지 않고 턱없이 부족한 논지에 기인하여 잘못 세워진 것이 아니라면 결코 그릇된 사주팔자일 수 없다. 참으로 두려운 것은, 바로 지금 이 순간까지 대부분의 사람이 자신들이 알고 있는 사주팔자가 순 엉터리인 줄도 모르고 마치 지워지지 않는 화인火印처럼 자신에게 찍혀 진실인 것처럼 여기고 있을지도 모른다는 사실이다. 그래서 참된 자신과 그 삶의 가치는 모르고 외면한 채, 어떤 고착화된 식견들과 지식에 의하여 오

히려 전혀 엉뚱한 자아自我를 만들어 진실한 실체인 양 세뇌洗腦
당하며, 이상스럽고 유별나게도 고단하고 피곤한 삶을 자꾸만 살
아가도록 강요되고 있다면 이는 참으로 끔찍한 일이 아닐 수 없다.
따라서 명리학을 비롯하여 사주팔자四柱八字에 직접 간접적으로 터
잡고 있는 여러 동양학의 학문과 학술에 관련된 업에 종사하고 있는
사람들이거나, 아님 입만 열면 사주팔자를 달고 사람들을 상담하며
신神을 모시고 있다는 하는 무릇 무속인巫俗人들에게조차, 이 책을
알고 있는 그 누구라 하더라도, **그동안의 엉터리 사주팔자를 버리
고, 새롭게 바꾸어진 자신들의 새로운 사주팔자로, 새로운 진실을
그들에게 당당하게 요구할 수 있어야 할 것이다.**

목차

부록2 | 도솔명리만세력 ... 155

제1장

기존 명리학에서의 음양 오행론의 구조와 논지를 취용하지 않는다

　도솔명리학은 기존의 명리학에서 논지하고 있는 음양오행론의 구조와 논지에 대하여 의문과 회의를 가지고 있기 때문에 이를 취용하거나 인용함에 제한을 두고 있으며 따라서 새로운 논지의 음양오행론을 설정하여 사주명리학의 기본 바탕으로 삼고 있다. 이들에 대하여 이 책에서는 간략하게 살펴보는 것에 지나지 않을 수도 있으나, 누구나 공부를 통하면 그 이치를 알 수 있도록 중요한 요체는 명확하게 해 둘 필요가 있을 것으로 여겨진다.

기존 명리학에서의 음양오행론의 원천적 문제점과 오류

    우선 기존의 음양오행론을 살펴볼 때, 협의狹義의 의미로서는 명리학에 한限한 것이긴 하지만 광의廣義의 의미로서도 동양학 전체에 해당되는 이론이기도 하다. 따라서 음양오행론에 상존하는 오류誤謬와 문제들이 결코 크고 작다거나 서로 다르다거나 또는 별도別途로 존재하는 것은 아니기 때문에 이 책에서는 통용通用하는 것으로 하여 설해 나가기로 한다.

    어쩌면 천편일률일 듯한 음양오행의 시작과 그 끝 이야기를 요약해보자면 대체로, 태초에 혼돈混沌이 어쩌고저쩌고 음양陰陽이 생겨나 어쩌고저쩌고 이들이 다시 갈라져 어쩌고저쩌고 목화토금수가 오행五行으로서 어쩌고저쩌고 그래서 십간十干이 탄생되었다 하고 어쩌고저쩌고 갑목은 큰 나무이고 을목은 화초이니 어쩌고저쩌고 병화는 태양이고 정화는 별이고 달이고…… 어쩌고저쩌고 상극상생은 어쩌고저쩌고 삼라만상이 다 어쩌고저쩌고 하는 식으로 모든 서책의 서두에 몇 문단 정도로 길어야 몇 페이지 정도로 그 논리를 제시하고 있다.

 그리고 근래에 들어서는 대부분의 명리학자들이 명리학의 타당성을 논지하기 위해 태양계의 우주물리학설을 빌려 쓰고 있다. 말하자면 태초의 혼돈과 음양 이야기를 필두筆頭로 태양계의 행성行星들인 토성 화성 목성 금성 등을 운운하며 그들과 지구 사이의 관계 내지 그들의 공전 자전을 설하거나 또는 이들이 오행의 원천들이라고도 하고, 아울러 그들의 영향을 받아 지구의 환경이 좌지우지 된다느니 생명체와 인류의 운명이 정해진다는 논리들이 대부분이다. 일고의 가치 정도에 지나지 않을 것 같기도 하고 한편 도입한 서양의 우주물리학을 배제한다면 어떤 일관된 보편타당성을 찾아보기도 힘들다. 한마디로 거의 궤변에 가까울 뿐 도대체가 어떤 논리論理라고 하기조차 어렵다.

 참으로 터무니없는 발상發想에 기인起因한 것이라 아니 할 수 없다. 이 정도의 기초적 식견과 논지를 덧대어 그 긴 세월 존재한 사주명리학을 끌어안고 있으니 요즈음과 같은 첨단 과학과 고도의 물질문명 사회에서는 명리학의 어느 부분이든지를 떼 내어 또 어디로 보내 붙여본다 한들 결국 논리적 한계에 자괴감이 드는 것이 사실이고 또 명망名望 있고 자타가 공인하는 대가大家 분들이라는 사람들의 음양오행에 대한 논지들도 크게 다르지 않다.

결국 고금古今을 통해 논지되고 있는 음양오행에 관한 글들이나 그 설명들을 두루 살펴보건대, 거의 비슷한 논조論調의 기술記述들이어서 보편타당하거나 또는 특별히 독특한 논지로 음양오행을 설하고 제시하는 것을 찾아볼 수가 없다. 그저 두루뭉술하게 '음양 5행론'이라 하며 음양에서 5행이 나누어져 탄생했다고만 설해지고, 간단한 몇 문단과 문장으로 그들의 특성을 언급하고 있을 뿐이다. 그럼에도 그저 신비스러운 진리이고 고착화된 진리真理라고 하는 의미意味 이외에 별다른 언급들이 없다.

도솔명리학의 신新 음양육행론

　신新 음양육행론의 핵심 요점은 기존의 명리학에서 언급되어 설명하고 있는 음양 5행五行의 개념과 물상物象의 비유 내지 적용 그리고 응용應用의 행태가 원천적으로 '지금까지의 명리학'과는 전혀 다르다는 점이다.

　여기서 말하는 물상物象이란, 차후 자주 사용되는 단어이기도 하고, 사실 실전實戰의 사주감명에 자주 사용될 것이므로 그 의미를 정확하게 해 둘 필요가 있는 바, 정의해두자면 물상物象이라 함은 오행五行[1]이 세상의 사물과 그 변화하는 현상에서 표출表出되어 나타나 있는 것을 의미한다. 여기서 특별히 유념해두어야 할 점은 이 개념이 현대물리학에서 사용되는 물상의 개념과 크게 다르지 않다는 것이며, 이들 물상의 개념과 의미 자체가, 도솔명리학의 탄생 바탕에서부터 가령 마지막 학문적 완성이 이루어진다고 한다

---

1) *오행五行: 여기서의 오행은 도솔명리학적 개념으로는 6개의 행行 즉 육행六行을 말함이나 논지의 흐름과는 무관하므로 혼용되었다.

면 그 완성에 이르기까지, 그 개념이 전반적으로 깔려 있고 스며들어 있다는 전제前提를 분명하게 이해하고 있어야 한다.

말하자면 도솔명리학이 세상에 알려지기 시작하는 이 시점부터, 삼라만상에 대한 형이상학적 논지와 형이하학적 논지들은 그 무게를 같이하게 될 것이고, 싫든 좋든 모든 명리학은 일체의 동양학을 포함해 이 논지들을 필수적으로 다루어야만 될 것이라는 과제를 주고 있다는 사실이다. 따라서 명리학을 공부하는 학인이나 궁구하는 이들이라면 지금까지 풀지도 못했고 풀리지도 않았던 그래서 열어 볼 엄두도 내지 못한 동양학이나 명리학의 진정한 정수精髓 부분을 풀어내고 열기 위해서라도 신 음양육행론의 개념들만큼은 반드시 그리고 명확하게 정립해두어야 할 것이다.

그러므로 누구에게나 보편타당한 논지로 설득력 있는 ˙오행五行의 논지를 설정해두는 일은 그 무엇보다 중요하며, 지금까지처럼 엉성하고 때론 비약적이고 다소 억지스러운 논지로 결코 얼렁뚱땅 넘길 수 없는 기초 중의 기초이론인 동시에, 나아가 명리학의 완성을 향한 유일한 통로이고 열쇠이며 또한 전부全部임을, 동양학을 공부하는 학인이나 학자라면 반드시 명심하여야 할 것이다.

이와 같이 기초 중에 기초이론인 음양론陰陽論과 ˙오행론五行論은 보다 명확하게 논지해두어야 할 것이고 그 자체만으로도 방대한 논지로 충분한 설명이 필요하다. 비록 이 책의 서두에서 도솔명리학의 중요한 요체만을 정리하여 기존 명리학과 대비하여 새로운 명리학의 세계를 열어 혁신을 줄 것이라 하였으나, 음양 °오행론에 대한 것은 사전적인 명제와 설명만으로 소홀하게 그친다는 것도 무리無理이다. 왜냐하면 기존의 명리학이 놓치고 무시하거나 애써 은폐하고 있는 수많은 오류誤謬들이 이들 음양오행을 다루는 기초이론의 부재不在에서 시작되어 끝없이 쌓여 있고 지금도 쌓이고 있기 때문이다.

역설적으로 소위 통칭 '음양 오행론'은 기존의 명리학에서 차지하고 있는 중요한 비중 및 그 역할과 마찬가지로, 특히 '도솔명리학'이라고 하는 새로운 명리학의 전체 프레임(Frame)도 모두 받치고 있는 부분이기도 하고 또 도솔명리학의 기타 여러 새로운 학술들에 대해서도 그 이해와 습득에도 도움이 될 것이므로, 새롭게 논지하여 취하고 있는 신 음양론과 신 °오행론의 근거와 요체에 대해 다소多少나마 상세한 설명을 아래에 설해두고자 한다.

(1) 도솔의 신 음양론

태초에 우주의 모든 기운과 온갖 속성들과 그 속성의 바탕(질, 質)들이 뒤섞여 뭉치고 있는 것을 혼돈混沌이라 하고, 이 혼돈混沌에 불가사의한 에너지를 가진 밝음과 어둠이 작용하며 서로 바꾸기를 반복하니 그 밝음과 어둠의 역易으로 인해 먼저와 나중이 생기고 먼저와 나중이 생기니 시간이 존재함이 드러나게 되었다. 밝음과 어둠은 시간을 매개로 서로 경쟁하고 다투며 에너지를 발산하여 혼돈에 거대한 힘으로 작용하니, 혼돈混沌이 내부로부터 온갖 바탕과 그 속성들이 교합交合 집산集散하면서 드러나기 시작했다.

이 작용은 시간에 따라 반복되어 밝음과 어둠의 거대한 에너지를 받아, 혼돈의 영역에도 규칙적인 역易이 일어나게 되었다. 이로써 혼돈은 어둡고 무거우며 정靜적인 속성을 내포한 거대한 덩어리 부분과 밝고 가벼우며 동動적인 속성屬性을 내포하고 있는 거대한 덩어리 부분으로 나누어지게 되었으나, 한편으로는 이들 양분된 거대한 에너지 덩어리는 본래대로 합하기 위해 서로의 꼬리를 쉼 없이 탐하며 떨어지지 않으려 움직이니, 이들 2개의 에너지 덩어리 존재를 일러 음양陰陽이라고 이른다.(밝음과 어둠과 시간의 이론)

이와 같이 거대한 에너지 덩어리로서의 음과 양은 서로 깍지를 끼고 잡고 있는 것처럼 존재하며 서로 의존하고 있는 바, 임의의 순간이나 또는 어떤 공간을 격하여 바로 두 쪽으로 나누어지거나 별개로 분리되지도 않고 또 따로 홀로 작용하지도 않는다. 그러나 만약 음과 양이 별개로 떨어지거나 쪼개어진다면 그 순간 2개의 체가 되는 것이니, 또 하나의 음양이 모체로부터 승계되어 그 각기 체體 안에 만들어지며 존재하게 되는데 이것이 음양의 근본적인 이치이다.(깍지이론)

이들 양陽과 음陰은 마치 하늘과 땅을 칭함과 같고 생生과 사死를 칭함과 같고 빛과 어둠을 칭함과 같다. 하늘과 땅은 하늘과 땅처럼 별개이고 멀리 떨어져 차이가 있는 것처럼 보이나, 어디서부터 땅이고 어디서부터 하늘인가?　잘 새겨 보면 언제나 하늘은 땅을 포옹하고 입 맞추고 있으며, 한 개의 체를 이루며 기운들을 소통하며 천하의 만물을 생生하고 사死하고 멸滅하며 윤회하게 하니, 이 땅에서 살아가는 우리에게는 분리되어 존재할 수 없는 것이고, 만약 분리되고 나누어진다면 그 순간부터 이 땅은 사死와 멸滅로 역易해 가는 것이니 나눌 수 없는 것과 같다.

　또 음양이 생과 사生死를 칭함과 같다는 것은 이 땅에 살아있는 모든 것은 태어나는 순간부터 죽음을 향해 가는 것이니 그 죽음을 삶에서 나눌 수도 삶을 죽음에서 분리할 수도 없는 이치와 같다. 빛과 어둠도 다르지 않아 새벽녘의 여명과 저물녘의 노을과 같이 서로 공유하고 있으면서 역易해 가니 이 얼마나 교묘한가?

　음陰과 양陽의 또 하나의 근본 속성은 양陽은 앞서고 바로 드러나나 음陰은 뒤 서고 드러남이 더디다는 것이다. 말하자면 양陽이 드러날 때 음陰은 양陽의 등을 지고 숨어 있지만, 양陽이 그 힘과 역할을 다하고 역易하여 숨게 되면, 음陰이 역易하여 자신의 힘과 역할을 하기 위해 그 실체를 비로소 드러내어 작용하는 것이 이치理致인데, 이름하여 '음양에서의 에너지와 힘의 역론易論이자 역할론役割論'이다.(음양의 易論)

여기서 에너지와 힘이라고 하는 것의 개념을 한 번 더 짚고 가자면, 도솔의 가설에서 앞서 언급되었듯이, 에너지는 존재하는 것이고 힘은 존재하는 것이 어떤 의미로든 작용하는 것이라고 하였다. 이들 거대한 에너지 덩어리와 힘으로서의 음과 양陰陽의 속성과 작용의 이치는 임의의 어떠한 체體로 분열하여 존재하고 있는 체體라 하더라도, 그들 속에 [2]나투어지고 승계되어 존재하는 것이니, 결국 그 체體의 속성과 이치理致로 귀결歸結되어 함께 하고 있다는 의미이다.

현대 물리학에서 규정하고 있는 입자론에서 기본입자로 분류되고 있는 12개 입자들도 쿼크로 불리는 6개 입자와 렙톤으로 불리는 6개의 입자가 서로 다른 특성으로 인해 2개 부분으로 나뉘어 있는데, 이는 앞서 언급하여 설명하고 있는 '음양이 승계되는 이치'를 서양의 첨단 물리학이라 하더라도 피할 수 없다는 것을 증명하고 있다 하겠다.(음양의 승계론)

따라서 음과 양을 이론상으로 나누어 놓고 설왕설래할 수는 있지만, 실제로 쪼개거나 분열될 수 있는 개체가 생겨나지 않는 한 음양은 동체同体라 함은 실로 타당한 이야기이다. 결국 음양陰陽이 갖는 역할과 의미를 드러나 있는 세상의 물상物相에 빗대어 그 이치를 확고하게 정립해 두는 것은, 다음의 4행론이나 6행론六行論 그리고 십간론十干論은 물론 12지지론地支論 나아가 사주명리학

---

2) 나투어지고 : 본래의 진신眞身과 같은 여러 분신分身을 만들어 필요에 따라 진신眞身처럼 나타나게 한다는 불교의 용어. 원형은 동사어로 '나투다'임.

전체를 공부하고 이해함에 매우 중요한 프레임(Frame)이자 기초개
념인 것이다.

(2) 도솔의 신新 육행론六行論

태초의 혼돈混沌이 음양으로 분화한 것에 대해서는 상기 음양론
에서 논지를 설하였다. 혼돈이 음양으로 분화하는 데 그치지 아니
하니 그들 덩어리가 음양으로만 나누어지기에는 품고 있는 것이 많
아 안정하지 못하였기 때문이다. 이에 다시 어둠과 밝음과 시간이
역易하니, 이로 인해 음陰과 양陽은 더욱 발달하면서도 그 음과 양
의 덩어리 안에서 다시 변화가 일어나 음양이 각기 내부에서 다시
분열을 시작하여 4개의 포괄적 영역과 불가사의한 에너지 덩어리로
나누어졌다. 이들은 삼라만상의 원천源泉으로, 불가사의한 그들을
담고 있는 계界와 이 모두를 역易으로 이끌고 가는 불가사의한 시
간을 포함해 6개의 행이라 칭한다. 이들 6행은 도솔명리학이 설정
하고 있는 기초프레임이다. 그 의의義義를 간략히 살펴보자면 아래
와 같다.

① 화행火行과 그 의의意義

이들은 양陽 중에 운運하고 행行하며 발산發散하는 기(気: 신神)가
중심이 되는 에너지 덩어리를 일러 태양太陽이라고 하고, 이 태양
이 밝음과 어둠과 시간이 만든 어떤 법法에 따라 순환하며 역易하

는 것을 일컬어 화행火行이라고 한다.

이 화행火行의 속성은 대체로 삼라만상의 생사멸生死滅 과정에서 작용하는 모든 존재물 간의 상호조화와 균형을 갖게 하는 것으로서의 화和, 또 상호 결합해 새로운 존재로 변화하는 의미로서의 화化, 그리고 분리되고 흩어지게 하는 의미로서의 해解와 관련된 일체의 작용과 함께 그 작용의 이치를 수행하는 힘과 에너지를 통칭함이니, 온갖 삼라만상이 임의의 상태로 존재하고 역易하고 반응하게 하는 원천적 에너지, 환경의 존폐存廢 여부与否, 관여하는 오행의 작용 여부与否, 그들 작용의 인과因果 및 과정 등의 제반 조건과 그 이치를 수행하는 힘과 에너지를 관장하여 행하고…….

② 목행木行과 그 의의意義

상대적으로 질(質: 바탕)과 속성이 중심이 되어 운運하고 행行하며 발산發散하는 에너지 덩어리를 소양少陽이라 하고 이 소양少陽이 밝음과 어둠과 시간이 만든 법法에 따라 순환하며 역易하는 것을 일컬어 목행木行이라고 한다.

이 목행木行의 속성은 대체로 삼라만상의 생사멸生死滅 과정에서 모든 움직임의 의미를 갖고 있는 것으로서의 온갖 동動과 기세氣勢를 말함이니, 에너지의 발산과 쇠퇴를 물상物象에 반영하는 행行이다. 말하자면 삼라만상의 움직임과 팽창 축소 그리고 성장成長과 쇠퇴衰退, 소멸消滅 등과 같이, 삼라만상이 구성과 구조를 갖추는 과정에 관련한 일체의 모든 작용과 함께 그 작용의 이치를 수행하는 힘과 에너지를 통칭함이며…….

③ 금행金行과 그 의의意義

한편, 음陰의 영역에서도 양陽의 영역에서와 마찬가지로 음陰의 거대한 에너지 덩어리에 어둠과 밝음과 시간으로 인해 다시 변화가 생기나니, 상대적으로 좀 더 운運하려 하고 행行하려 하고 발산發散하려 하는 음陰 중의 양陽의 기(気: 신神)가 중심이 되는 에너지 덩어리를 소음少陰이라 하고, 이 소음少陰이 밝음과 어둠과 시간이 만든 법法에 따라 순환하며 역易하는 것을 일컬어 금행金行이라고 한다.

이 금행金行의 속성은 대체로 삼라만상이 생사멸生死滅의 과정을 담아 그 안팎과 경계를 지어 겉으로 드러나는 표상表象을 만들어 주는 의미로서의 고固, 팽창과 수축을 수렴收斂하며 존재물의 경계를 지켜 유지하게 하는 의미로서의 수守의 행이니, 존재하는 모든 삼라만상의 형상과 상태를 갖게 하는 과정의 이치들과 그 통로를 관장하여 행하고…….

④ 수행水行과 그 의의意義

이런 과정을 겪고 있는 소음少陰과 달리 소음少陰에서 이반離反되어 더욱 질(質: 바탕)과 속성이 중심이 되어 운運하고 행行하고 발산發散하려는 에너지 덩어리를 태음太陰이라 하고, 이 태음太陰이 밝음과 어둠과 시간이 만든 법法에 따라 순환하며 역易하는 것을 일컬어 수행水行이라 한다.

이 수행水行의 속성은 대체로 삼라만상이 생사멸生死滅의 과정을 유지하도록 하는 모든 통로를 의미하는 것으로서의 통通, 연결하도록 하는 의미의 관貫, 넓혀가고 성장한다는 의미의 장張, 임의의 작용과 반작용을 유지하고 상호연결하고 있다는 의미의 지持이니, 온갖 정보와 에너지를 나르고 물상을 이어지고(연: 延) 맺게(결: 結)하며 두루 갈무리(저장: 貯藏)하여 삼라만상과 그 구성체로 하여금 각기 고유의 속성과 특성을 갖게 하는 행行이니, 여타의 모든 행의 각기 또는 상호간의 작용 반작용에 대한 과정 및 결과의 정보는 물론이고 그에 따라 변화된 에너지를 구성체 간에 상호 연결해주고 배당해주는 모든 전달체계의 이치와 그 통로를 관장하여 행하고……

⑤ 계행界行과 그 의의意義

존재함이 있는 곳에는 언제나 함께 하고 있는 존재로서의 행行을 의미하는 것이니, 형이상학形而上学이든 형이하학形而下学이든 존재하는 모든 것들의 속성과 그 기운들과 그 바탕들이 한데 뭉쳐져 있던 태초의 혼돈混沌이었던 시기에서부터, 빛과 어둠으로 인해 혼돈이 음양의 분열을 시작하여 무수한 분열을 거듭하게 되어서 더 이상 분열할 수 없는 근원적인 입자들로 분열될 때까지, 말하자면 태초太初 이전이든 마지막 분열을 완성한 그 이후이든, 하여튼 존재하는 전 과정科程에서 형성되었거나 탄생한 이들과 함께하는 것이니 행行이다.

4행이 때로는 분열分裂하고 때로는 화합化合하고 때로는 화휴和休하고를 불문하고 임의의 자리와 공간을 치우침 없이 제공하고 있는 바, 허공같이 그들 4행 속에 계행界行이 동화同和하여 존재하고, 또한 계행界行 속에 그들 4행의 모든 존재들이 각기 또는 혼재되어 역시 존재함이 계행의 참된 이치理致이다.

계행은 다른 행이 스스로의 분열작용으로 새로운 속성을 가진 존재들을 탄생시키거나 또는 그들 4행간의 작용 반작용으로 변화를 겪는 것과는 달리 계행界行 스스로는 변하지 않는다. 그러나 계행이 교묘한 것은, 계행을 매개로 이미 분열하고 변화한 존재들에게 이미 동화同化한 계행은 그 존재들이 계행에 남아 계행 안에 실려 있는 한 본래의 계행界行으로 돌아가지도 않는다 하는 점이다.

⑥ 시간행時間行과 그 의의意義

이 행은 명행命行 또는 암행暗行이라고 칭하는데, 이것에 대한 논지는 나중에 대두하게 될 '기존 명리학에서의 대운大運의 설정과 대운의 순행 역행을 취용하지 않는다.'는 표제 편의 내용과 중복되어 혼란이 발생할 수 있으므로 그곳에서 다루어 정리하기로 한다. 이상으로 음양 6행론六行論에 대하여 간략하게 그 요체들을 살펴보았다. 이상에서 언급하고 있는 논지들은 명리학에서는 기초 중에 기초가 되는 논지들이다. 이들 논지들은 차후 이 책의 발행 취지를 표제별로 설정해 나가면서 새로운 명리학의 근간根幹이 만들어지는 과정과 그 내용을 이해하고 학습하는 데 도움이 될 것으로 기대한다.

이상의 이렇듯 불가사의한 에너지를 축적하고 발산하며 각기 작용 반작용을 하고 있는 4개의 큰 에너지 덩어리들과 이들을 담고 있는 공간과 또 이 모두를 변화의 장으로 역하게 하는 시간을 일컬어 6행六行이라 한다. 그러나 밝음과 어둠과 시간의 역으로 인해 생겨나기 시작하여 존재하게 된 음陰과 양陽이지만 이들의 분열은 완전하지 못하였으니, 분열하여 갈라진 상대의 영역에게 각기 자신의 에너지와 그 속성들을 적지 않게 남겼다.

(3) 신 육행론新六行論 후기

상기의 6행 가운데 목 화 금 수 4행은 다른 영역에 남겨진 자신의 일부분이나 부족한 부분을 서로 찾아 나서고 투쟁하고 숨고 교합하고 배척하기를 반복하여 또 다른 분열의 빌미를 제공하는 한편, 이러한 상호 작용과 반작용은 또 그들 4행의 영역들 안에서도 변화를 일으키며 또 다른 속성들이 분류되고 잉태되었다. 이들을 간干이라 칭하게 되니 차후 이 책의 후반부의 부록편에 설하게 될 '신 십간론'에서의 간干들이다.

그럼 나머지 2개의 행行의 논지의 근원은 무엇인가? 그 해답은 태초에 혼돈混沌이 분열해서 불가사의한 거대한 에너지를 가지고 있는 존재들이 4행들만은 아니라는 데에서 찾아야 한다. 예컨대 도솔명리학에서는 음양 6행론을 사주명리학의 바탕으로 삼고 있는 바, 앞서 논지하고 있는 목 화 금 수의 4행에 더해질 수 있는 2개 행 가운데 하나는 계행界行으로 공간 내지 장場 계界를 일컫는 의미이니 기존명리학에서의 토행土行과 관련된 것이고, 다른 또 하나의 행行은 시간時間을 일컬어 시간행時間行이라 하는데 기존 명리학에서 설정해 운용하고 있는 대운大運 세운歲運들과 연관이 있으며 도솔명리학에서는 명행命行이라고도 하며 이와 같이 공간과 시간 이들 2개 존재가 갖고 있는 역易과 그 에너지에 행行의 의미를 새롭게 부여하고 논지한 것이 이른바 육행론六行論이다.

이들 2개의 행을 목행木行 화행火行 금행金行 수행水行의 4개 행行에 더하여 육행六行이라고 하고 이들을 인용引用하고 있으나 낯설지는 아니하다. 이들 육행론은 상세하게 공부해야 할 동양학 내지 명리학의 기초이론이므로 관련된 분야에서 별도의 해설을 곁들인 새로운 서적들이 만들어져 보편타당하고 자세하게 논지될 것으로 기대한다.

아무튼 도솔명리학에서는 이들 계행과 시간행(時間行, 命行, 暗行)에 대하여 기존의 4행과는 전혀 다른 존재의 의미와 그 변화로 인해 태생하고 있는 또 다른 존재에 대해서도 의미를 부여하고 있을 뿐만 아니라 삼라만상이 생사멸生死滅 하는 이치들도 담아내고 있기 때문에 반드시 그 개념과 의의를 알고 있어야 한다. 따라서 6행론의 기초개념 없이는 새로운 명리학에 대한 공부를 시작할 수도 없고 또 궁구窮究할 수는 더욱 없다. 그런 이유로 이 책의 발행 취지와 매우 중차대重且大한 인과의 관련성이 있으므로 비록 간략하게나마 그 요체만을 언급해 이해를 도모하였다.

(4) 도솔명리학에서의 토행의 의미

  기존 명리학에서의 '토행土行'이란 이름을 그대로 취용하여 통용
하기로 한다. 이는 기존의 명리학에서 토행土行에 부여하고 있는
땅이나 산山, 흙, 중앙中央 따위의 독특한 특성과 존재감을 인용해
의미를 부여할 수 있기 때문이기도 하지만, 근본적으로는 '토행'이
라는 이름을 버리지 않고 주요 의미만 달리 적용해 사용하는 것이
혼란을 줄일 수 있을 것이라 기대해서임을 밝혀둔다.

  상기와 같이 도솔명리학이 정의하고 의미하고 있는 토행이라 하
는 것은, 음과 양이 각기 분열해 4개의 어떤 범주를 가지는 개체덩
어리로 나누어지고 이들 4가지 행이라 하여 각기 또는 복합적으로
작용 반작용 하면서 공간과 특성을 갖도록, 계界를 제공하고 있으
며, 또 이들 4행이 분열하여 다음 단계의 개체들로 분화 형성할 때
에는 물론이고 이후에도 연속적으로 일어나게 될 분열 그리고 그
들 간의 작용과 반작용에도 영속적永続的으로 그들을 매개하고 있
는 독특한 존재인 것이다.

  따라서 태초의 혼돈에서부터 나중에 더 이상 쪼개어질 수 없는
개체로 분열될 때까지 아니 그 이전이나 이후에도 항상 공간과 계
를 제공하고 그들 개체들의 작용 반작용을 매개하는 존재이다. 나
아가 그들 개체들이 제각각 그들의 특성을 갖게 해주는가 하면 그
들이 변화하며 역易할 수 있도록 하는 독특한 특성을 가지고 있으

므로, 가히 하나의 행行이라 이름 하여 4행과 더불어 오행五行이라 설정해도 논리적으로 부당하다 할 수 없다. 이러한 논지를 견지함으로서 토행土行을 오행五行의 존재로 인정하고 있다.

또 도솔명리학에서 달리 토행土行을 형상이 만들어지고 흩어지는 체體라 한 것도, 토행土行 자체가 치우침이 없이 천변만화하는 만물을 언제든지 어떤 모습이든지 모두 담아내고 있기 때문이다. 따라서 언제나 자리한다 하고 존재한다 한 것이며, 그러나 삼라만상의 모든 만물은 반드시 멸滅하여 오행으로 다시 흩어져 회귀回歸하게 되는 것이 이치이니, 자리하지 않는다 하고 또 존재하지 않는다 하는 것과 같으니 참으로 묘妙하다. 따라서 도솔명리학에서의 토행土行을 어떤 특정된 물상으로 표현한다는 것은 어리석다.

한 가지만 더 덧붙이자면, 요즈음 과학계에서 특히 물리학계에서 신神이 숨겨놓은 신의 입자粒子로 불리우며 모든 소립자에게 질량과 성질을 부여하는 또 하나의 소립자로, 존재하는 만물의 생성에 근본적으로 작용하고 있다는 소위 '힉스(higgs) 입자'의 존재를 입증했다고 그야말로 초미의 관심사로 모든 과학의 역사를 새로이 쓰고 있다고 난리들이지만, 사실 도솔명리학이 토행土行에게 부여하고 있는 논지를 바탕으로 보면, 이 힉스 입자를 규정하고 있는 성질이나 존재의 이유理由들 모두 이미 계행론(界의 行論)으로서의 토행론土行論에 포함되어 있는 것들이어서 새삼 놀라울 것도 또 크게 새롭거나 이상할 것도 없다 하겠다.

토행이 기존의 명리학에서는 땅이니 산이니 하는 개념으로 비유를 받고 있지만, 도솔명리학은 토행土行을 계행界行이나 체행体行 또는 장행(場行, 마당행)이라 함이 더욱 적절하고 타당한 것으로 정의하여 인용하고 있다. 이 점을 전제前提해 염두念頭에 두면 공부하기가 좀 더 쉬울 것으로 여겨진다.

제2장

사주팔자四柱八字의
입식立式을 위해
현존하는 일체의 만세력이
제공하는 월건月建 방식의
월月을 취용하지 않는다

도솔명리학의 만세력은 무엇이 다른가?

사주팔자라고 하는 것은 사주명식四柱命式 또는 사주입식四柱立
式이라고도 통용되며 그 형태는 현존하는 일체의 명리학에서는 동
일同一한 것으로 간주한다. 이 형태를 정의하자면 사람의 태어난
년 월 일 시를 4개의 기둥 즉 년주年柱 월주月柱 일주日柱 시주時柱
라고 하여 세우되 각 주柱는 천간과 지지 2개의 글자를 조합하여
간지干支라고 하고, 이들 4개의 간지干支 도합 팔자八字로 구성된
것을 지칭하며 통상적으로 아래에 보이는 〈표-1〉과 같은 형태를
갖추고 있다.

〈표 1〉

사주 四柱	시주時柱	일주日柱	월주月柱	년주年柱
천간 天干	생시生時의 천간天干 글자	생일生日의 천간天干 글자	생월生月의 천간天干 글자	생년生年의 천간天干 글자
지지 地支	생시生時의 지지地支 글자	생일生日의 지지地支 글자	생월生月의 지지地支 글자	생년生年의 지지地支 글자

다만 사주팔자에 사용되는 10개의 천간天干 갑甲 을乙 병丙 정丁 무戊 기己 경庚 신辛 임壬 계癸와 12개의 지지地支 자子 축丑 인寅 묘卯 진辰 사巳 오午 미未 신申 유酉 술戌 해亥에 관한 논지는 별도로 설해질 것이므로 여기서는 생략한다.

그런데 사주명식을 만들기 위해서 태어난 연월일시年月日時에 해당하는 천간과 지지의 글자들이 필요한데, 소위 만세력이라고 하는 책과 컴퓨터의 프로그램에서 제공하는 이들 데이터를 취용해 사주四柱에 적용하는 것이 표준화되어 있다. 역설적으로 현존하는 모든 만세력은 매년 매월 매일에 대한 간지干支 글자와 24절기의 기준 시에 대한 정보는 기본으로 제공하고 있고 이들 정보는 동일同一한 것으로 간주되고 있다. 다만 저자와 출판사에 따라 만세력에 여러 가지 동양학과 명리학에 필요한 제각각의 다양한 정보들을 표와 부록으로 편집하여 제공하고 있긴 하지만, 결국 만세력의 기본적인 역할은 이들 기본 정보를 제공하는 것에 있다고 하겠다.

그런데 만세력에서도 규정하여 나타내지 못하는 정보가 사람의 태어난 시에 대한 정보이다. 말하자면 태어난 시각을 간지干支로 나타내지 못하고 있는데 이는 특히 날짜가 달라질 수 있는 자정子正, 명리학적으로는 자시子時에 대한 해석과 견해가 크게 달라 규정되지 못하고 있기 때문이다.

비록 명리학파나 여러 학설들이 아주 많이 나타나 크게 두각을 드러내고 있진 않지만, 그래도 소위 명리학자나 명리술사들이 그들 나름대로 주장하는 사주팔자에 대한 감명 방법과 그 감명술監命術의 논지들은 넘쳐날 듯 쏟아져 나와 오히려 매우 혼란스럽기까지 하다. 이는 공부하는 학인의 입장에서든 명리학 자체를 위해서든 결코 고무적인 현상은 아니다. 기초는 턱 없이 부족한데 그 위에 술術만 난무하는 듯하여 안타깝다. 그런데 이들 학파나 학설들이 나누어지는 큰 이유들 중 하나가 자시子時의 시간에 대한 설정 문제 때문에 비롯되고 있는 것도 사실이다.

예컨대 오후 11시 ~ 오전 1시 사이일 경우 자정인 12시를 중심으로 그 전날을 야자시 그 훗날을 조자시로 구분하여 채택하는 한 가지 방식이 있고 다른 한 가지는 조자시 야자시를 구분하지 않는 고전의 방식으로 사주팔자를 구성한 경우 팔자가 달라지기 때문에 논쟁이 되고 있는 셈이다. 말하자면 이는 태어난 시의 시주時柱의 간지干支 글자가 달라지니 문제인데, 모두 서양의 문물과 과학지식이 동양학에 던져 놓은 수많은 돌직구直球들 중에 하나인 셈이다.

태어난 시각의 1분 1초를 따지고 탄생지의 지역을 따지기도 한다. 아무튼 설왕설래 논쟁을 하고 있는 사안이기는 하지만 도솔명리학은 조자시 야자시를 배척한다. 이유에 대해서는 나중에 나오게 될 '사주입식에서의 시時 간지干支의 적용은 고전古典의 원론에 따른다.'는 표제에서 비교적 자세하게 설명할 것이므로 여기서는 각 설하기로 한다.

다만 도솔명리학에서 보다 중차대하게 여기면서, 기존 명리학이 사주팔자를 세우는 방법과는 전혀 다른 기준으로 새로운 사주명식을 세우도록 한 것은 월건月建 즉 월月의 간지干支를 세우는 법에 대한 해석이 완전히 다른 때문이다. 따라서 월건月建을 세우는 법도 다르다. 정설이 되어 고착화된 기존의 월건의 간지干支와도 1개월을 기준으로 15일이 달라진다. 절기를 따진다면 하나의 절기節気이니 결국 사주팔자만으로도 그것도 사주팔자에서 가장 중요하다고 하는 월주月柱의 글자가 무려 50% 정도 다르다는 이야기이다. 이는 너무나 충격적이고 기막힌 사실이며 또 너무나 부끄러운 사실이다.

말하자면 출간되어 현존하는 모든 만세력에서든 아니면 현존하는 모든 명리학에서든, 하여튼 사주四柱 중 월주月柱를 세우는 월건月建 내지 입월立月은 입춘立春 우수雨水로 시작하여 경칩驚蟄 춘분春分 청명淸明 곡우穀雨 입하立夏 소만小滿 망종芒種 하지夏至 소서小暑 대서大暑 입추立秋 처서処暑 백로白露 추분秋分 한로寒露 상강霜降 입동立冬 소설小雪 대설大雪 동지冬至 소한小寒 대한大寒으로 끝나는 24절기를 기준으로 하되, 월건의 기준 날짜는 입춘에서 경칩驚蟄까지를 인월寅月로 2월, 경칩에서 청명까지 묘월卯月로 3월, 청명에서 입하立夏까지 진월辰月로 4월, 입하立夏에서 망종芒種까지를 사월巳月로 5월, 망종芒種에서 소서小暑까지 오월午月로 6월, 소서小暑부터 입추立秋까지 미월未月로 7월, 입추立秋에서 백로

白露까지 신월申月로 8월, 백로白露에서 한로寒露까지 유월酉月로 9
월, 한로寒露에서 입동立冬까지는 술월戌月로 10월, 입동立冬에서
대설大雪까지 해월亥月로 11월, 대설大雪에서 소한小寒까지 자월子
月로 12월, 소한小寒에서 입춘立春까지 축월丑月로 1월에 해당하도
록 모두 동일同一하게 정해져 있다. 이들을 도표로 보면 다음의 <
표 2>와 같이 나타낼 수 있겠다.

〈표 2〉

12 月建	2월 (寅月)	3월 (卯月)	4월 (辰月)	5월 (巳月)	6월 (午月)	7월 (未月)	8월 (申月)	9월 (酉月)	10월 (戌月)	11월 (亥月)	12월 (子月)	1월 (丑月)
24 절기	입춘 우수	경칩 춘분	청명 곡우	입하 소만	망종 하지	소서 대서	입추 처서	백로 추분	한로 상강	입동 소설	대설 동지	소한 대한
날짜	2월 4일경 ~ 3월 5일경	3월 6일경 ~ 4월 5일경	4월 6일경 ~ 5월 5일경	5월 5일경 ~ 6월 5일경	6월 6일경 ~ 7월 6일경	7월 7일경 ~ 8월 6일경	8월 7일경 ~ 9월 7일경	9월 8일경 ~ 10월 7일경	10월 8일경 ~ 11월 6일경	11월 7일경 ~ 12월 6일경	12월 7일경 ~ 1월 4일경	1월 5일경 ~ 2월 3일경

참고로 24절기의 이름은 중국 주周나라 때 화북 지방의 기상 상
태에 맞춰 붙인 이름이다. 천문학적으로는 太陽의 황경, 즉 지구
가 태양의 둘레를 도는 길을 360°로 나누고 0°인 날을 춘분春分으
로 하여 15° 이동했을 때를 청명淸明 등으로 구분해 15° 간격으로
24절기를 나눈 것이다. 따라서 90°인 날이 하지夏至, 180°인 날이
추분秋分, 270°인 날이 동지冬至로 정해졌다고 보는 것이 정설定説
이다. 따라서 절기의 날짜와 시각은 과학이 발달한 지금은 매년
조금씩 틀리고 여기에 대한 정보는 모든 만세력에 나타나 있다.

그러나 도솔명리학에서는 현존하는 만세력의 정설定說인 위 <표 2>의 월건月建의 구조적 프레임을 취용하지 않는다. 대신 아래 도표 <표 3>과 같은 적용 방식의 새로운 월건月建을 세워 해당 월의 간지를 설정하고 이에 따라 사주명리학의 사주四柱 팔자八字 입식을 세워 사용할 것을 규정하고 있다. 말하자면 도솔명리학은 위 <표 2>와 같이 월건月建을 정하는 것을 정설로 고착화하여 나타내고 있는 일체의 만세력을 오류誤謬로 규정하고 배척하는 대신, 도솔명리학이 제시하고 있는 아래 <표 3>과 같이 새로운 방식의 월건月建을 적용하는 만세력을 ˙도솔만세력[3]이라 하고 이를 표준으로 정의하고 취용한다는 의미이다.

<표 3>

12 月建	2월 (寅月)	3월 (卯月)	4월 (辰月)	5월 (巳月)	6월 (午月)	7월 (未月)	8월 (申月)	9월 (酉月)	10월 (戌月)	11월 (亥月)	12월 (子月)	1월 (丑月)
24 절기	우수 경칩	춘분 청명	곡우 입하	소만 망종	하지 소서	대서 입추	처서 백로	추분 한로	상강 소설	소설 대설	동지 소한	대한 입춘
날짜	2월 19일경 ~ 3월 20일경	3월 21일경 ~ 4월 19일경	4월 20일경 ~ 5월 20일경	5월 21일경 ~ 6월 20일경	6월 21일경 ~ 7월 22일경	7월 23일경 ~ 8월 22일경	8월 23일경 ~ 9월 22일경	9월 23일경 ~ 10월 22일경	10월 23일경 ~ 11월 21일경	11월 22일경 ~ 12월 21일경	12월 22일경 ~ 1월 19일경	1월 20일경 ~ 2월 18일경

---

3) 도솔만세력: 사주명리학과 사주팔자의 감명을 위해 아래 <표 3>과 같이 새로운 방식의 월건月建을 적용하는 일체의 만세력万歲曆에 있어서 그 명칭이 어떠하든 관계없이 저작권은 본 저자에게 있으며, 아울러 명리학에서 위 <표 3>과 같은 월건月建의 방식을 취용하는 어떤 경우에 있어서도 저작권이 본 저자에게 있음을 재차 밝혀둔다.

물론 월건月建[4]을 세움에 있어서 24절기의 채택이 달라짐으로 해서, 사주명리학에서 취용하게 될 새로운 월건月建에 해당하는 월의 시작일始作日과 말일末日의 날짜도 모두 달라진다. 따라서 기존의 만세력이나 사주입식의 방법에 의해서 사주팔자의 월주月柱가 달라지는 사람은 모든 사람의 50% 즉 절반折半이나 될 것이다. 더욱이 입춘에서 우수 사이에 태어난 사람은 년주의 간지干支까지도 바뀌게 되니 기막힐 대사건大事件이다. 아울러 대운大運의 순운 역운을 취용하지 않으므로 대운의 수數를 계산하는 법도 달라진다. 이 계산법에 대하여는 아래의 다음 표제에서 대운의 계산법을 따로 논지하고 있으므로 참고하길 바란다. 어쨌든 월건月建의 절입시기節入始気 날짜가 통째로 바뀌는 것이니, 결국 대운大運의 수數도 지금까지 알고 있었던 것과는 판이하게 달라지는 즉 각기 자신의 운運이 바뀌는 대운大運의 주기의 수數도 모두 달라지는 것이다.

게다가 다음 표제에서 다루어 논지를 설하게 될 대운의 역행순행을 배척하는 도솔명리학에 의해서라면 **그야말로 지금까지 자신들이 알고 있거나 세워진, 소위 모든 사람들의 팔자八字가 바뀌는 순간이다.**

---

4) 월건月建 : 월건月建을 입월立月)이라고 칭하기도 하지만 같은 의미이다.

도솔명리학은 왜 새로운 만세력을 만들었나?

앞서 〈도솔의 신 음양론〉에서 음양陰陽이라고 하는 것에 대한 논지를 피력한 바 있다. 도솔명리학은 오직 이들 음양에 대한 순수한 기초논지와 이론을 바탕으로 역행이니 순행이니 하는 희세稀世의 착각을 하고 있는 어떠한 예단予斷도 삼가고 자연의 순리들을 살폈을 때 삼라만상이 빛과 어둠에 의해 역易하며 생사멸의 과정을 가지지만 이들 빛과 어둠조차도 시간의 흐름과 그 과정 안에 함께 존재해야 한다는 것이 진리에 훨씬 더 가깝다고 결론을 가지고 있다. 변칙도 존재할 수 있지만 거의 무시해도 좋다는 것에 도솔명리학은 어떠한 이의異議를 달지 않는다.

따라서 양陽은 앞서고 음陰은 그 뒤를 채우고 따른다는 것이 바른 이치理致이다. 이 광대무변한 우주와 삼라만상은 시간에 따라 나아갈 뿐이지 뒤로 가진 않는다. 물론 시간을 되돌릴 수 있다면 뒤로도 갈 것이다. 그러나 행行을 거꾸로 가게 하거나 뒤로 되돌아가게 할 그만한 에너지를 가질 수도 없고 물론 사용될 경우도 없겠거니와 또 그렇게 될 이유가 하등 없을 것이라는 것이 타당한 정법正法이다. 왜냐하면 가령 티끌 같은 한 가지나 한 부분이라 하더라도 현상계現象界에서는 홀로 존재하고 있는 것이 아니기 때문이다. 따라서 응당 음陰과 양陽 모두 시간을 따라 나아갈 뿐이라는 것이 도솔명리학의 기본 논지이다.

결국 음陰이기 때문에 양陽과는 달리 물러선다는 것은 사람의 생각과 추측이 만든 망상적妄想的 표현일 뿐이다. 예나 지금이나 가장 위험스러운 것은 어떤 의미에서든 하찮은 식견이나마 닦고 어쭙잖은 지식이나마 쌓았다고 하는 소위 지식인들이나 학자들의 오만傲慢과 섣부른 판단이다. 이는 명리학에서도 예외는 아니었던 것으로 여겨지며 어쨌든 적잖은 착각과 망상이 희세稀世의 오류誤謬를 만들어 지금까지 고착화된 것으로 여겨진다.

말하자면 음양에 대한 기본적인 이치들을 너무 쉽게 생각하고 안이하게 내버려 둠으로써 이들에 대한 기초논지나 이론들이 전무하다시피 하여 비롯된 오류들이 진실로 고착화되었다는 뜻이다. 응당 월건月建을 설정함에 있어서도 음양의 기본 원리나 속성을 따라야 한다는 것은 당연하다. 따라서 현상계를 고찰하는 학문으로서의 명리학에 있어서 월月의 시작도 양陽으로 시작해 음陰으로 끝맺음 하도록 설정하는 것이 바른 논지이고 이치이다.

제3장

기존 명리학에서 규정規定한 대운大運의 설정과 그 순행 역행법을 취용하지 않는다

본 표제의 서술 내용은 앞서 전 표제에서 설명하고 있는 새로운 월건月建의 설정에 대한 논지論旨들과는 동일한 연장선상延長線上에 있는 것이라 하겠다. 대운大運의 설정은 명리학의 핵심적 이론 중 한 가지인데 이를 사주팔자의 입식이나 설정과 분리해 논할 수 없기 때문이다. 물론 도솔명리학에서는 명리학命理学이란 학문 자체가 시간과 만물의 상호관계에 관한 이치를 사람을 중심으로 살피는 학문으로 정의하고 있기 때문에 시간을 암행暗行, 명행命行, 시간행時間行이라 칭하여 제 6행六行으로 규정하고 있다. 이를 고려한다면 결국 명리학의 모든 이론과 논지는 시간과는 결코 분리될 수 없다 하겠다.

앞서 '대운大運 설정設定'의 모태母胎라고 할 수 있는 소위 사주팔자四柱八字의 기본 형태와 도솔명리학이 새로운 월건月建을 설정하는 이유와 형식에 대하여는 간략하나마 정리한 바 있으므로 생략하고, 이 책의 발행 취지상 현존하고 있는 명리학 내지 학계가 규정하고 있는 대운의 설정 및 그 적용 방식을 도솔명리학이 제시하는 대운의 설정과 적용방식을 간략하게 비교하여 설하고 다만 시간행時間行에 대한 이해를 위해 앞서 도솔의 신新 육행론六行論에서 못 다한 그 요체要諦를 좀 더 설해 보기로 한다.

기존 명리학에서 설정하고 있는 대운의 설정 방식

　기존의 모든 명리학계에서는 사주팔자를 입식立式한 후 만세력의 월건에서 월주月柱의 간지를 취용해 사주에 적용하는데, 물론 자체적으로 월주의 천간과 지지를 설정하는 자체의 방식이 존재하기도 하지만 어쨌든 24절기를 기준으로 함은 앞서 설명한 바 있고, 문제의 대운 설정은 이 월주月柱를 기준으로 하는 것에는 이견이 없다.

　다만 도솔명리학과 비교하기 위해 기존의 명리학계가 규정하고 있는 대운의 설정 방식을 요약해보자면, 사주에서 월주의 간지를 대운의 진행 기준점으로 정하여 남녀男女의 구분과 함께 태어난 연도의 천간天干 글자 즉 년주年柱의 천간 글자의 음양에 따라, 10년 단위로 변하는 대운大運의 순행順行 역행逆行을 정하게 되는데, 대운의 순행 흐름은 월月이 다가오는 방향으로 진행하게 되어 다가오는 다음 월月의 간지를 취용하는 것을 순행順行이라고 하고, 월

月이 지나간 과거 방향으로 거슬러 올라가게 되어 지나간 월의 간지를 취용하게 되는 흐름을 역행逆行이라 하여 명리학의 탄생에서부터 지금에까지 사주팔자의 감명에 적용하여 감명하도록 규정하고 있다.

도솔명리학의 대운수(대운의 전환수) 계산법

그러나 도솔명리학에서 정하고 있는 대운의 설정과 그 운용법은 남녀男女의 구분도 또한 태어난 해의 천간 글자의 음양에 따른 구분도 규정하지 않는다. 따라서 일체의 구분 없이 대운은 순행하는 것으로 규정한다. 이외 도솔명리학 전체에서 어떠한 논지에도 음陰의 역행逆行을 적용하지도 논하지도 않는다. 여기서 또 한 가지 중요한 것은 대운의 수의 계산법도 틀리다는 것인데, 기존의 명리학은 순운인 경우 생일에서 다음 달 절입일시까지의 날짜를 3으로 나누어 근을 취하고 나머지는 1이 남을 경우 버리고 2일 경우 반올림하는 것으로 규정하고 있다는 것이고 따라서 도솔명리학은 남녀 공히 순운을 적용한다고 하였으니 응당 대운의 계산법도 이를 따라야 할 것이나, 비록 이 계산법의 논지가 온전히 부당하다 할 수 도 없지만 순운 역운 자체를 취하지 않으므로 기존 명리학의 순운 적용법은 그 의미가 없다.

따라서 도솔명리학이 취하고 있는 대운의 계산법은 남녀 공히 도솔만세력을 기준으로 월의 절입일시에서 태어난 생일까지의 날짜와 시간을 따져 이 날짜수를 취용하여 3으로 나눈 다음 그 수를 대운의 전환수로 하되 나머지가 1일 경우 버리고 2일 경우 반올림하여 산출된 근에 더하여 대운의 전환수를 정하는 오직 한 가지 방법만을 규정하고 있다.

예컨대 양력 1981년 3월 15일이 태어난 날이라 가정하면 경칩에 해당하는 절기인데, 도솔명리학의 월건법(월을 세우는 법)에 따를 경우 경칩驚蟄은 묘卯월이 아니라 인寅월이고, 인寅월의 절입일은 우수雨水이다. 따라서 우수雨水에서 생일까지의 날짜 수를 산정하여 3으로 나누어 그 몫의 수를 대운수로 정한다는 말이니, 1981년 3월 15일이 생일인 경우 약 22일 지난 시점이다. 이렇게 산정된 22에 3을 나누면 몫이 7이고 나머지가 1이다. 따라서 나머지는 버리고 몫을 대운수로 삼으니 즉 7이 대운의 전환수인 셈이다. 표 〈표 3〉을 참조하기 바란다.

아무튼 도솔명리학과 기존 명리학이 각각 설정하고 있는 이들 대운의 설정을 요약해 도표로 비교해 본다면 다음 〈표 4〉와 같다.

〈 표 4. 대운 설정 방식의 비교 〉

	기존 명리학의 대운大運 설정			도솔명리학의 대운大運 설정
	순행順行	역행逆行		순행順行만 존재
남자 男子	태어난 년주年柱의 천간 글자가 양陽인 경우	태어난 년주年柱의 천간 글자가 음陰인 경우	남자 男子	남녀男女의 구분도 없고 태어난 년주의 천간 글자의 음양陰陽과도 무관함.
여자 女子	태어난 년주年柱의 천간 글자가 음陰인 경우	태어난 년주年柱의 천간 글자가 양陽인 경우	여자 女子	남녀男女의 구분도 없고 태어난 년주의 천간 글자의 음양陰陽과도 무관함.

시간행時間行이란 무엇인가?

시간행은 앞서 '신 음양론'에서 그 요체를 설한 바 있다. 특히 '밝음과 어둠과 시간의 이론'이라 특정하면서 음과 양에 대한 의의란 것이 시간時間을 떠나 존재할 수 없음을 논지로 제시하였다. 이를 다시 한 번 시간행에 대한 의의意義를 설정하고 설명하기 위한 기초 논지로 인용한다.

"태초에 우주의 모든 기운과 온갖 속성들과 그 속성의 바탕(질, 質)들이 뒤섞여 뭉치고 있는 것을 혼돈混沌이라 하고, 이 혼돈混沌에 불가사의한 에너지를 가진 밝음과 어둠이 작용하며 서로 바꾸기를 반복하니 그 밝음과 어둠의 역易으로 인해 먼저와 나중이 생기고 먼저와 나중이 생기니 시간이 존재하고 있음이 드러나게 되었다. 밝음과 어둠은 시간을 매개로 서로 경쟁하고 다투며 에너지를 발산하여 혼돈에 거대한 힘으로 작용하니, 혼돈混沌이 내부로부터 온갖 바탕과 그 속성들이 교합交合 집산集散하면서 드러나기 시작했다.

이 작용은 시간에 따라 반복되어 밝음과 어둠의 거대한 에너지를 받아, 혼돈의 영역에도 규칙적인 역易이 일어나게 되었다. 이로써 혼돈은 어둡고 무거우며 정靜적인 속성을 내포한 거대한 덩어리 부분과 밝고 가벼우며 동動적인 속성屬性을 내포하고 있는 거대한 덩어리 부분으로 나누어지게 되었으나, 한편으로는 이들 양분된 거대한 에너지 덩어리는 본래대로 합하기 위해 서로의 꼬리를 쉼 없이 탐하며 떨어지지 않으려 움직이니, 이들 2개의 에너지 덩어리 존재를 일러 음양陰陽이라 이른다.(밝음과 어둠과 시간의 이론)"

이와 같이 시간이라고 하는 것을, 태초라고 설정한 현상계가 존재하기 시작한 이전부터 존재하여 형이상학적 세계는 물론 형이하학적 세계까지 움직이며 역易하게 하는, 말하자면 인간이 표현할 수 있는 글자가 '원초'일 뿐이니 원초적이라 표현될 뿐인, 가장 원초적이며 불가사의한 에너지를 안고 '어딘가'로부터 또 '어딘가'에로 흘러가고 있는 존재라 하지 않을 수 없다. 따라서 특히 명리학에서는 음양오행과 함께 기본개념으로 삼아 좀 더 깊이 있게 궁구하지 못한 것이 지금의 명리학을 초래하게 된 치명적인 실수라 하겠다.

문제는 그 치명적인 실수를 너무 긴 시간 동안 깨닫지 못하고 고착화되어 버렸다는 사실이지만, 이에 못지않은 치명적인 실수가 앞서신 육행론에서 설한 바 있는 오행五行의 설정設定에 논지한 오류誤謬를 깨닫지 못하고 그 위에 명리학을 세우려고 해왔다는 사실이다.

그러나 고대에서 지금에 이르기까지 명맥을 유지해 온 학문으로서의 명리학은 그 자체만으로도 인류에겐 위대한 유산이라 할 수 있다. 비록 이들 오행론의 2개 부분 즉 시간행과 계행(토행, 공간행)에서의 치명적 오류와 실수 그리고 기초이론의 부재로 인해 지금 동양학 내지 명리학이 학문적 이론에서 한계에 부닥쳐 있음으로 해서 서양의 고도화된 물질문명과 그를 떠받치는 과학에게 밀려 벼랑 끝으로 몰리고 있고, 또 동양학 내지 명리학이 가지는 신비함과 교묘함을 어쭙잖은 오행론과 함께 절반 이상 아니 대부분을 잃어버리고 조롱당하는 우愚를 초래하였다 할 수도 있지만 말이다.

그러나 그럼에도 불구하고 비록 충분하지는 않지만 매우 실제적이고 중요한 그리고 핵심적인 논지를 함축하고 제시하고 있는 바가 기존의 명리학에도 존재하는데, 이것이 바로 대운大運의 흐름을 설정하여 규정하며 그 대운大運의 시간 동안 어떤 처지에 놓인 사람의 인생과 삶이 지대한 영향을 받아 모든 것이 바뀌게 된다고 하는 논지가 그것이다.

도솔명리학이 특히 시간時間에 대하여 행行이라 하여 시간행이라고 칭하고 매우 귀중한 요소로 설정하여 여러 가지 논지의 이론을 펼치고 있는 점과 매우 잘 부합되는 이론으로 보인다. 달리 명행命行 또는 암행暗行이라고도 할 수 있는데, 이는 시간이 삼라만상의 생生 사死 멸滅을 관장하니 명행命行이라 할 수 있는 것이고, 또 보이지 않고 불가사의하여 추론하기 힘들다 하여 암행暗行이라고도 칭한 것이다.

아무튼 시간행을 포함한 계행(=토행)에 대한 논지를 포함한 육행론六行論과 그 음양의 역할을 명리학의 어디에서 찾고 또 자리매김하게 할 것인지에 대한 고급高級의 이야기는 이 책의 발간 취지에서 벗어나 있으므로 일단 생략하기로 한다. 무엇보다 지구계地球界[5]라고 하는 특정 현상계와 그 현상계에서의 시간여행에 대한 인과因果를 궁구窮究한다는 명리학 개념은 도솔명리학의 근간根幹이 되는 요체要諦와 기초적인 논지들로서, 이에 터 잡아 지금까지와는 전혀 다른 사주팔자를 세우도록 함은 물론이고 그 감명監命과 추명推命을 통하여 명리학의 새로운 세계로 직통하여 그 문을 열어 볼 수 있도록 하는 것에 초점을 맞추겠다는 의미이다.

---

5) 지구계地球界: 도솔명리학에서 광대무변한 우주공간에서 지구가 차지하고 있는 공간을 빗대어 칭한 말로 지구에 존재하고 있는 일체의 유명 무명의 존재를 포함해 포괄적 의미로 지칭함.

본 표제에 대한 주된 결미

도솔명리학은 현재의 명리학계에서 규정하여 설정하고 있는 대운의 존재와 10년 단위로 흐름이 바뀌는 대운의 논지는 따르되, 다만 남녀의 구분이나 년주의 천간 글자에 따라 대운의 흐름을 순행 역행으로 정하는 논지는 도솔명리학의 명리학적 음양론과 삼라만상의 생사멸生死滅하는 이치理致에서 벗어나므로 응당 배척하고 있다는 것이고, 따라서 위의 <표 4>에서 확인하듯이 도솔명리학은 남녀의 구분 없이 또 년주年柱의 천간天干 글자에 관계없이 누구든지 오직 대운大運의 순행만을 취용하는 바, 이는 일관된 논지를 가지고 있으므로 매우 타당하다 할 것이다.

덧붙이자면, 가령 명리학을 공부한 사람이라면 누구나 남녀의 구분을 음양으로 구분할 수 있다는 것은 주지周知의 사실이고 또 부정할 수 없는 진실이라고 해도 기존 명리학의 대운의 순행 역행의 논지는 근거가 미약하고 또 타당하지도 않다. 극단적인 이유 하나를 들자면, 그들의 그런 논지들보다 남자든 여자든 결국 사람이라면 생生과 사死와 멸滅의 과정을 거쳐 가는 삼라만상의 시간여행時間旅行을 결코 피해 갈 수 없다는 사실이 더 중요하고 앞선 진실이기 때문이다.

제4장

도솔명리학에서의 12운성포태법은 무엇이 다른가?

현존하는 일체의 명리학에서는 사주 감명을 위해 어떤 의미로든 12운성포태법을 취용하고 있다. 말하자면 취용하는 방법은 대개 2~3가지 정도이다. 저자도 도솔의 12운성포태법이라 하여 위 새로운 음양론을 바탕으로 새로운 12운성포태법을 2012년 8월 말末경에 인터넷 사주카페와 저자의 블로그에 발표하기도 했지만, 이 포태법만으로는 명리학인들이나 역학하는 선후배제현들의 주목을 받기에 역부족이었던 것 같다. 그러나 12운성포태법에 관한 이 글들의 내용을 인용하여 그대로 서술해도 12운성포태법이라는 논지의 흐름상 크게 무리가 없을 것 같다.

"아무튼 명리학자나 술사들이라면 누구나 알고 있고, 실전에서 필수적인 요소로 구사하고 있는 포태법 내지 12운성법에 관한 것만을 이야기하기로 한限한다. 물론 신살론神煞論도 포함된 이야기임은 말할 것도 없다. 이 운성법은 오행론으로 포태법을 운영하는 것과 음생양사 양생음사의 이론을 들어 양순음역의 포태법을 운영하는 2가지로 대별됨은 주지의 사실이다.

이들 포태법은 고전이나 현대 명리학서에 모두 언급되고 있는 것으로 신살론의 기초가 되기도 하고 또 어떤 학자에게는 대부분의 신살론神煞論들은 무시되기도 하였지만, 추명의 중요하고도 필수적인 역할을 담당해왔던 것은 부정할 수 없다. 사실 포태법의 논지는 아주 정교하고 매우 보편타당한 이치를 담고 있으며, 특히 최근 명리학계에서의 이들 부분에 대한 성취는 괄목할 만한 것으로 평가하고 싶다.

다만 한 가지, 필자의 생각이지만, 좋게 보면 명리학에서 일정 수준을 넘어 크게 얻음을 얻은 학자들이 자신의 교만과 오만에 빠져 되살핌이 없었던 탓일 수도 있고, 그들 스스로 천지天地의 음양과 오행五行의 이치理致를 논하며 만든 결계結界인 탓일 수도 있지만 아무튼 엄청난 착각錯覺으로 치명적致命的인 틀을 만들어 두고서도 스스로 보지 못했음이라…….

그러나 다른 한 편으로는 하늘과 인간, 그리고 만물의 생멸이치를 거만하게 살핀 탓이고, 이 세상의 종교宗敎들이 가르치고 있는 인과의 과보들과 그 교리들을 한낱 짧은 지식의 그릇으로 담아내려 하는 어리석음이 가득해서이다. 이 종교적 좌표에서의 사주 논지는 이 소고小考의 주제와는 벗어나니 기회가 닿는다면 따로 설하기로 하고 다시 12운성법으로 돌아와 필자의 결론적 논지를 제시하면 다음과 같다.

그렇게 정교하고도 보편타당한 이치를 담고 있는 포태론(12운성법)을 세워 놓고도, 최근의 재해석들이 훌륭하게 나오고 있기는 하지만 원천적으로 기형일 수밖에 없기 때문에 이 포태론을 근거로 세워진 지금까지의 명리학 이론은 단언컨대 모두 새롭게 써지게 될 것이겠지만…….

이 운성법을 세운 사람들조차 무엇인가 그럴듯한 이론임에도 그 적용은 신통치 않고 자신감이 없었던지, 말 그대로 재고在庫되어 전해지고 있었던 것으로 기존의 12운성 조견표로서 양순음역의 포태법 조견표 〈가〉와 오행론의 포태법 조견표 〈나〉를 나타내 보았다.

	甲	乙	丙	丁	戊	己	庚	辛	壬	癸
長生	亥	午	寅	酉	寅	酉	巳	子	申	卯
沐浴	子	巳	卯	申	卯	申	午	亥	酉	寅
冠帶	丑	辰	辰	未	辰	未	未	戌	戌	丑
建祿	寅	卯	巳	午	巳	午	申	酉	亥	子
帝旺	卯	寅	午	巳	午	巳	酉	申	子	亥
衰	辰	丑	未	辰	未	辰	戌	未	丑	戌
病	巳	子	申	卯	申	卯	亥	午	寅	酉
死	午	亥	酉	寅	酉	寅	子	巳	卯	申
墓	未	戌	戌	丑	戌	丑	丑	辰	辰	未
絶	申	酉	亥	子	亥	子	寅	卯	巳	午
胎	酉	申	子	亥	子	亥	卯	寅	午	巳
養	戌	未	丑	戌	丑	戌	辰	丑	未	辰

〈가〉 양순음역의 12운성포태 조견표

	甲乙	丙丁戊己	庚辛	壬癸
長生	亥	寅	巳	申
沐浴	子	卯	午	酉
冠帶	丑	辰	未	戌
建祿	寅	巳	申	亥
帝旺	卯	午	酉	子
衰	辰	未	戌	丑
病	巳	申	亥	寅
死	午	酉	子	卯
墓	未	戌	丑	辰
絶	申	亥	寅	巳
胎	酉	子	卯	午
養	戌	丑	辰	未

〈나〉 오행론의 12운성포태 조견표

12운성포태

필자의 12운성 조견표를 편의상 가칭 '도솔의 12운성 조견표'로 칭하여 아래의 표 〈다〉로 나타내었다.

	甲	乙	丙	丁	戊	己	庚	辛	壬	癸
長生	亥	子	寅	卯	寅	卯	巳	午	申	酉
沐浴	子	丑	卯	辰	卯	辰	午	未	酉	戌
冠帶	丑	寅	辰	巳	辰	巳	未	申	戌	亥
建祿	寅	卯	巳	午	巳	午	申	酉	亥	子
帝旺	卯	辰	午	未	午	未	酉	戌	子	丑
衰	辰	巳	未	申	未	申	戌	亥	丑	寅
病	巳	午	申	酉	申	酉	亥	子	寅	卯
死	午	未	酉	戌	酉	戌	子	丑	卯	辰
墓	未	申	戌	亥	戌	亥	丑	寅	辰	巳
絶	申	酉	亥	子	亥	子	寅	卯	巳	午
胎	酉	戌	子	丑	子	丑	卯	辰	午	未
養	戌	亥	丑	寅	丑	寅	辰	巳	未	申

〈다〉도솔의 12운성포태 조견표

자 이제 〈도솔의 12운성포태 조견표〉를 만든 이유와 이치를 설명하면 아래와 같다.

첫째, 사주명리학 전체에서 각 오행은 한 개의 체体이고 그 체 안에 음양으로 나누어져 있되, 음양이 서로 손깍지를 끼고 잡고 있는 것처럼 존재하여 임의의 순간이나 어떤 공간을 격하여 바로 두 쪽으로 나누어지거나 별개로 분리되어 따로 작용하지 않는다. 지지가 순행하든 역행하든 지장간의 흐름을 월별로 살펴보아도 그 이치를 알 수 있다. 〈음양의 깍지이론〉이라고 하였다.

둘째, 그러나 양陽은 앞서고 바로 드러나나 음陰은 뒤 서고 드러남이 더디다. 말하자면 양陽이 드러날 때 음陰은 양陽의 등을 지고 숨어있지만 양陽이 그 힘과 역할을 다하고 역易하여 숨게 되면, 음

陰이 易易하여 자신의 힘과 역할을 하기 위해 그 실체를 드러낸다. 12지지는 토土성의 지지를 매개 링크로 음양을 묶어 한 개의 오행이 가지는 특성을 3개의 지지에 각각 초기初氣 중기中氣 여기餘氣로 배정받고, 그 특성으로 계절과 절기를 나타내고 있으며, 앞 월은 양이고 뒤 월은 음이다. 양이 앞서서 힘과 역할을 다하고 역易하여 숨어들면 뒤 월의 음이 역易해 양의 빈 곳을 채워 그 힘과 역할을 진행함으로써 한 개의 계절을 시작하여 이루고 마친 후 토土의 지지를 중재자로 하여 다음 계절을 준비하게 한다. 음양의 역할 및 힘의 역론易論이라고 하였다.

셋째, 최초에 사주명식을 세울 때 남녀에 따라 연간年干의 음양을 기준으로 이미 대운의 순행과 역행(계절의 순행과 역행)을 정하여 입식하게 되니, 대운의 흐름 또한 12운성법(포태법)의 이치와 다르지 않게 12지지를 순환하며 사주에 작용하고 있다. 따라서 또 다시 일간의 음양을 정하여 월지를 기준으로 또 12운성(포태법)의 순행 역행을 정의하고 있는 논지는 모순된 이치로 사주의 명식 체계와 추명의 틀을 송두리째 무너뜨리는 오류誤謬가 존재하고 있다. 결국 12운성론을 만들어 놓고도 생뚱맞은 기형畸形의 틀로 인해 스스로의 모순에 빠져 있었건만, 수 세기를 지나고도 이를 아는 이가 없었으니, 제대로 명리학을 완성하는 끝이 볼 수 없었던 것은 어쩌면 지극히 당연하다.

결국 추명의 결과가 반은 이치에 맞고 반은 틀리는 기형의 결합

물로 그 결과가 나타나는 것이다. 잘못된 모순의 틀에 의해 도출된 추명의 결과들은 응당 타당성이 결여되었고, 그것을 채우기 위한 새로운 격格이나 논지들을 학자들마다 아전인수我田引水 격으로 양산하는 한편, 술사들이나 후학들은 '참으로 잘 살펴서 눈치를 보면서 추명해야 한다.'는 것을 숙명적인 과제물로 물려받아야 했던 것이다. 양생음사 음생양사의 함정에 의한 12운성법의 기형론畸形論과 대비하여 〈도솔 12운성론〉이라 하였다.

넷째, 오행을 12운성법포태법에 인종한 포태 조견표 〈나〉도 12운성법의 기형론畸形論을 알지 못한 궁여지책으로, 이미 유명有名이든 무명無名이든 만물의 생멸生滅 이치를 잘 설명하고 있었던 음양오행의 논지들을 포괄적 오행론五行論으로 회귀回歸시키고 있는 오류를 범하고 있기 때문에, 그 자체적으로 포괄적 결과들이 도출되어 현실성이 떨어지고 혼잡스러울 수밖에 없어 상기의 12운성법의 기형론의 오류誤謬들과 다르지 않다. 따라서 추명학 내지 예측학으로서의 명리학을 무색無色하게 만들고 있을 뿐이다. 오행으로의 후퇴론後退論이라 하였다.

상기 4가지 오류는 사주명식을 세워 추명을 하기 위한 가장 중요한 기초자료의 도출 과정에서 원천적으로 발생하기 때문에 극히 치명적이다. 이 오류들은 마치 각종 검사를 마친 환자를 최종적으로 진단하고 치료해야 하는 의사 앞에 치명적인 버그(Bug)가 숨어 있는 소프트웨어를 장착한 엉터리 검사장비들에 의해 출력된 일부는 맞고 일부는 틀리는 기형으로 조합된 출력 데이터와 같다.

결미

물론 기형의 12운성법과 관련된 모든 합 충 파 해 이론들도 재설정되고 재정립되어야 한다. 그리고 12지지와 그 지장간의 작용들도, 그리고 칼로 잘라 놓은 듯한 육친이론들도 깍지이론과 음양의 역할 및 힘의 역론易論, 그리고 새로운 12운성법을 바탕으로 하여 결국 다시 살펴지게 될 것이고, 나아가 새롭게 조명받고 있는 허자론과 공망론에도 좀 더 구체적인 이치와 논리적인 근거를 마련해 탄력을 받게 해 줄 것으로 기대된다.

그러나 여기서는 단지 새로운 12운성법으로 대체해서 얻는 추명의 결과들만으로도 참으로 신비한 음양오행의 이치와 그 쉬운 적용으로 인한 충격적인 경이로움과 찬탄을 금치 못할 것이다. 그리고 왜 사주명리학이 그토록 어려울 수밖에 없었던가 하는 그 허실과 요체를 단박에 이해하게 될 것이다. 이제 시작인 것이다."

위 12운성포태법에 대한 논지의 글 중에서 셋째 부분에서 남녀男女와 년주年柱의 천간天干 글자의 음양陰陽에 따른 구분에 의해 적용하는 순행順行 역행逆行의 논지가 일부 존재하는데 이는 앞서 천명天明한 바와 같이 도솔의 신 음양론의 이치에 벗어나므로 지금의 도솔명리학에서는 배척하여 취용하지 않고 있다. 다만 도솔의 12운성포태법을 만들게 된 취지와 논지에는 지금에도 아무런 무리無理가 없다.

四柱
八字

제5장

사주입식에서의 시주時柱 간지干支의 적용은 고전古典의 원론에 따른다

사주에서 시주時柱 2시간이 갖는 의미

이 거대하고 불가사의한 온갖 기운들로 뭉쳐진 지구라는 땅덩어리가, 또한 온갖 불가사의한 기운을 뿜어대고 있는 광대무변広大無邊한 우주공간에서, 또 다시 온갖 불가사의한 기운의 총체로 불리는 태양을 중심으로 하는 태양계에서 대략 1개의 시지時支 2시간 동안 무려 216,000 Km를 달려가고 있다는 것이니, 줄잡아 1초에 약 30km 의 속도로 이 지구가 태양의 외곽을 끊임없이 움직이고 있는 셈이다.

도대체가 어떠한 이치와 에너지들이 숨어 있기에, 그것도 고등학교 수준 정도의 물리학을 공부한 사람이라면 더더욱 이해하기도 힘든, 그 거대한 타원 운동을 수십 수백억 년 전부터 지금까지 계속하고 있을 수 있는 것인가? 참고로 지구의 둘레는 40,000km 정도이다.

게다가 지구라고 하는 이 땅덩어리 자체도 1개의 시지 2시간 동안, 자그마치 3,300km의 속도로 스스로 자전하고 있다. 끝없이 밤낮을 향해 시시각각 시간들이 지나갈 때마다 그야말로 온갖 기후気候와 생태계들이 생겨나고 사라지게 하는 온갖 힘을 다 가지고 있다. 이 뿐만이 아니다. 스스로 생겨나는 온갖 천지의 조화들은 이 땅의 만물이 잠시도 가만히 있지 못하게 하면서, 서로 변하게 하고 또 스스로도 변하고 있음을 살펴 알게 되는 즈음에 이른다면 일러 무슨 말을 할 수 있단 말인가?

가히 광대무변한 우주와 빗대어도 결코 무리가 아니어서, 도솔명리학에서는 지구地球를 우주의 천변만화하는 모든 곳의 모든 것을 압축해 축소한 소우주小宇宙의 개념으로 삼고, 특히 지구계地球界라고 특정하여 매우 중요하게 인용하고 있다. 일반적으로 동양학에서도 인체人体를 소우주라 하여 학술적으로 접근하고 또 많은 부분에서 인용하고 있는데 이는 매우 타당하다. 다만 도솔명리학에서는 사람에 대하여 지구라고 하는 소우주를 다시 압축한 미세우주微細宇宙로 여기고 있으며, 앞서 논지한 바 있는 음양 6행론의 개념으로 우주계 지구계를 포함하여 고찰하고 접근해야 할 명리학의 3계三界라고 정의하여 궁구窮究하고 있다.

이 부분은 불교의 교리에서 설하고 있는 천계天界 지계地界 인계人界로서의 3계三界, 욕계欲界 색계色界 무색계無色界로서의 3계三界, 그리고 불계 중생계 심계로서의 3계三界, 과거세 현재세 미래세로서의 3계三界 등의 개념과 합치하는 바가 상당하나, 이 책의 발간 취지와는 다소 벗어나므로 별도의 기회에 논지하기로 한다.

아무튼 소위 태양계의 행성들이라고 하는 수성 금성 지구 화성 목성 토성 천왕성 해왕성 명왕성들의 행성들의 존재 이치나 역할 그리고 수많은 학자들이 밝혀보려고 하는 상호작용들까지 고려해야 한다면 명리학에서 논지하고 있는 2시간 1개의 시지時支를 어떻게 이해해야 하는 것이며 또 이들을 무슨 말로 일러 설명을 다 하겠는가?

2시간 동안 이렇듯 우주의 온갖 기운과 이 땅의 기운들이 서로 부딪히고 조화를 부리며 변화하는 것들에 대해서 말해야 한다면 그야말로 불가사의不可思議란 한 마디뿐이다. 그렇다면 현실과 사실이 이러함에도 2시간을 1개의 시간 간지干支로 사주四柱 4개의 기둥 중에 1개의 기둥으로 삼고 있는 것을 어찌 받아들여야 하는 것일까? 이러한 것에 대한 대답을 궁구窮究하지는 않으면서 사주의 감명을 두고 정교精巧하다느니 명확明確하다느니 천기누설天機漏泄이라느니 하면서 온갖 망령妄靈된 설설說된 감히 세치 혀로 그토록 염치廉恥없이 늘어놓을 수 있는 것일까?

그럼에도 불구하고 사주四柱라고 하는 것이 일정한 형식의 틀을 놓고 그 안에서 하늘과 땅의 숨겨진 기운의 변화를 읽어 사람의 운명과 미래, 체질, 건강 등 사람과 자연과 사물의 온갖 관계를 설명하고 미래를 예측해 알고자 하는 것이다. 그리고 사실 경이驚異스러울 정도의 놀라운 경우도 적지 않아 차라리 신비스럽다 할 정도의 실전 경험들도 분명히 존재하고 있다. 그렇다면 이들을 어떻게 이해하고 정리하여 명리학의 기초이론으로 삼을 것인가에 대한 상세한 이야기들이 적지 않지만 이 부분 또한 이 책의 발간 취지와 다르므로 다음 기회를 보기로 한다.

다만 한 가지, 비록 기존의 동양학이나 명리학이 다소 부족한 기초논지들에 바탕을 두고 있다고는 하지만 손바닥만한 땅에서도 풍수風水를 논하는 기인奇人 이사異士가 있고 또 달리 그래도 나름대로 배움을 얻어 자부심을 갖고 있다는 분들도 적지 않다. 이러한 분들이 굳이 현대의 우주물리학을 언감생심 곧이곧대로 빗대고 인용하고 있는 것은 도대체가 유치幼稚하기 짝이 없는 부끄러운 사실임을 직시해야 한다. 보편타당한 추론이나 근거 없는 궤변詭辯과 그러한 논지 논리들은 참으로 일고一顧의 가치도 없는 것에 다름 아니다. 따라서 부디 용기를 내어 과감하게 그런 것들을 일단 무조건 모두 쓰레기통이나 화로火爐 속에 내던져 버리고 나서 볼 일이다.

이런 논지의 오류는 명리학이 가지고 있는 바탕과 이론 그리고 현실 적용에 대한 학술적 논지와 기술 그 모두가 결여된 탓이다. 물론 풍수학을 비롯한 기타 동양학들이 배척되고 외면당하는 이유이기도 하다. 이들 풍수학을 비롯한 기타 동양학도 명리학과 같은 뿌리를 갖고 있기 때문에 이들에 대해 도솔명리학이 제시하여 제공할 수 있는 기초이론과 논지들이 적지 않다. 다만 이 책의 부록편에서 간략하게나마 논할 기회가 있을 것으로, 왜 지금까지 풍수학을 비롯한 기타 동양학이 존재하긴 하지만 수많은 의구심으로 설왕설래되고 있는 것인지 그 이유를 알게 될 것이다. 그러나 본 표제에서 전달하고자 하는 요체要諦는 아니어서 여기서는 생략하기로 한다.

도솔명리학에서의 시주時柱 설정과 의미

　이쯤에서 명리학을 공부하는 사람이라면 반드시 깨달아 알아두어야 하는 매우 중요한 기저基底 사실이 한 가지 있다. 다름 아니라 명리학이라고 하는 것은, 삼라만상에 대하여 특히 사람에 대하여, 보이는 세계 즉 현상계現象界에서의 특정한 시간을 맞이하는 조건에 대한 이치를 살펴 그 이면에 숨어 있는, 말하자면 보이지 않는 세계에서의 시작점을 찾아 그것을 현상계로 나오게 하여, 서로 연결된 인과因果의 연장선상에서, 해당하는 존재의 현재까지 작용한 에너지의 통로와 패턴(Pattern)을 찾고 분석해 다가올 미래를 예측하는 학문이라는 사실이다.

　이 기저 사실에 대한 상세한 이야기는 다음 기회에 미루기로 하겠지만 공부가 중급 정도에 이른 사람이라면 이해가 적지 않을 것이다. 다만 이 기저 사실의 요체들 중에서 본 표제에서 중시해야 될 논지는 명리학에서 규정하여 설정하고 있는 시간의 경계선 부근을 어떻게 해석하고 사주팔자에 적용하느냐 하는 문제가 가장 난제이다. 사실 사주팔자의 입식에서 그 해당 주柱의 천간지지가 정해지는 경계 부근의 시각에 태어난 사람이 적지 않기 때문에 다소 주의를 기울여야 함이 사실이다.

태어난 날의 시각이 시주時柱를 정해야 할 간지干支의 글자가 바뀔 수도 있는 경계 부근인 경우 특히 오후 23시 ~ 그 다음날 01시까지 즉 자시子時의 경우는 날이 바뀌고 달이 바뀌고 해가 바뀌기도 하기 때문에 조자시 야자시 이론부터 무슨 지역 무슨 표준시 등 따위로 설왕설래 말들이 끊이지 않는다. 이외 물론 시주의 설정에서도 비슷한 문제들을 안고 있고 이런 부분이 서양학의 돌직구 공격에 무참하게 침묵으로 당하게 되는 경우이다.

도솔명리학에서의 시주時柱 설정의 원칙

① 도솔명리학에서는 이와 같이 사주의 천간지지가 바뀔 수도 있는 시각을 경계시간境界時間이라 하고 이 경계시간에 태어난 사람들의 경계인境界人이라 칭하며 다소 귀찮고 힘들다 하더라도 그 경계시각을 중심으로 전후의 천간지지를 모두 설정하여 사주팔자를 절차대로 모두 입식하고 2개의 사주팔자로 대운과 세운의 시간적 검증을 거치는 것을 원칙으로 한다.

이렇게 할 경우 마치 소위 양다리를 걸치고 있다는 표현이 걸맞을 때도 있지만 대부분의 경우, 가령 정해지는 사주팔자를 특정한 에너지가 오가는 통로를 가지는 옷이라고 가정한다면, 비록 그 옷을 입고 있는 해당인의 속성과 운명을 다소 깊이 살펴야 되는 경우도 있지만, 아무튼 중요한 것은 일단 그 사람에게 한 번 입혀진 그 옷은 '한 평생을 입고 가야 하는 옷이다.' 하는 사실이다.

② 태어난 사람의 지역에 관계없이 어디 어디 표준시를 기준으로 30분을 늘리느니 이차저차 시간을 늘리거나 줄이거나 하는 일 따위의 일체를 배척한다. 태어난 사람이 어느 나라 어떤 사람이든지, 오직 태어난 그 나라 그 지역에서 보편타당하게 사용되고 있는 시각時角만을 기준으로 사주팔자를 입식함을 원칙으로 규정하고 있다. 천문대의 표준시각을 인용하지 않는다는 말이다.

예컨대, 미국의 어떤 지역에서 태어난 사람이 있다고 한다면, 인종을 불문하고 그 나라 그 지역에서의 절기와 시간을 기준으로 사주를 입식한다는 의미이다. 이렇게 적용할 경우에 가장 정확한 감명이 가능하다. 한마디로 밤낮이 틀리고 그 기운이 틀린데 한 지점에 앉아서 시간만을 늘이고 줄이고 한다는 것은 어리석다.

③ 그리고 또 하나의 다른 원칙은 오후 23시 ~ 그 다음날 01시까지 즉 자시子時에 태어난 사람의 경우는, 비록 현대의 양력으로 적용했을 때 전날의 날짜가 되는 오후 23시~자정 사이에 태어났다 하더라도 그 다음날의 천간지지天干地支를 취용해 사주팔자의 입식에 적용한다는 것이다.

이상과 같은 원칙은 도솔명리학의 기저基底 논리이다. 앞서 표제 '시주時柱에서 2시간이 가지고 있는 의미'의 기초논지와 다르지도 않고, 또 동양학의 심오한 이치를 궁구하여 학문의 길은 한 치도 앞으로 나아가지 못하면서 천문대 따위의 서양물리학의 잣대를 명리학에 끌어들여 현대화라도 시킨 양 분 초의 시간을 따지는 언행 자체가 참으로 어리석다 할 것이기 때문이다. 또 다른 이유는 명리학이라고 하는 특성상 시주의 설정을 논한 고전古典에서의 고인古人들의 논지가 틀렸다고 할 만한 명확한 근거도 없고, 한편 시시각각 천변만화의 변화가 있다고는 하나 전체적으로는 광대무변한 우주의 에너지를 주어진 시간대에는 지구계地球界의 어디서든 균등하게 받고 있다고 해도 크게 무리無理가 없다. 지구계地球界에 대한 보다 상세한 논지들은 다음 기회에 논하기로 하고 여기서는 각설한다.

제6장

도솔명리학에서의
대운大運 세운歲運의
시간적 작용력과
의미의 적용 및 사주팔자
입식 작성례

대운 세운의 각 천간지지 글자가 작용하는 시간과 그 영향력의 할당割當

앞서 대운의 의의나 설정 그리고 적용에 대한 요지는 고찰되었다. 그렇다면 사주팔자에 대운을 어떻게 적용하여 감명하고 추론할 것인가에 대한 이야기가 남은 셈이다. 대운의 사주팔자에 대한 적용 문제에 관련해서는 많은 명리학자들이 대체적으로 정리하여 권장하고 있는 방법과 해석법이 거의 정해져 있다. 그 요지는 대운의 천간지지의 글자가 나타내는 의미 가운데 천간天干의 글자는 무시해도 좋을 만큼이고 지지地支의 글자가 사주팔자에 훨씬 더 지대한 영향을 미친다는 설부터 대운大運의 10년 중에 천간天干 글자가 전반기 5년 동안 다음 지지地支 글자가 후반기 5년 동안 영향을 미친다는 설 등이 있다.

도솔명리학에서는 대운의 10년 동안 대운의 천간지지가 골고루 영향을 미치고 있는 것으로 논지를 삼고 있는데, 요약하자면 전반기 5년 동안은 천간天干의 글자가 70% 정도 지지地支의 글자가

30% 정도의 영향력을 나누어 행사하여 작용하고, 후반기 5년 동안은 지지의 글자가 80% 천간의 글자가 20% 정도 영향력을 가지는 것으로 추론하여 설정하고 있다. 경우에 따라서는 대운의 적용시기가 1년 정도 늦어지거나 빨라지기도 하고 또 어떤 경우에는 대운大運의 전반기 후반기 변환시점도 1년 정도 늦어지기도 하고 빨라지기도 할 수 있다. 이에 대한 가설이 설정하고 그 논지와 설명들이 있으나 여기서는 마찬가지로 생략한다.

대운에 적용하는 감명의 원칙은 1년 단위의 세운이나 1개월 단위의 세운은 물론 하루의 일진에 대해서도 다르지 아니하다. 말하자면 감명해보고자 하는 당해의 년이든 월이든 일이든 전반기와 후반기 또 그 시간 동안 작용하는 천간지지의 영향력의 할당 원칙도 대운의 경우와 다르지 않다는 말이다.

다만 이 책에서 도솔명리학의 기초논지로 삼고 있는 신 음양론과 신 육행론에서의 시간론을 이해하고 있다면 도솔명리학의 대운과 세운의 적용 설정과 의미들을 다소 이해할 수 있을 것이다. 아울러 이 책의 말미에서 논지하고 있는 명리학의 기초이론 정립을 위해 세운 음양陰陽 육행론六行論의 법칙들을 공부하게 되면 이해함에 더욱 도움이 될 것이다.

대운 세운이 사주팔자에 작용하는 영향력의 의미

사자팔자를 감명함에 있어 대운이 작용하는 시간적 의미와 영향력에 대해서는 많은 명리학자들이 나름대로 자신들의 경험을 토대로 설하여 왔고 그런 탓으로 대체적으로 몇 가지 정황적인 비유들로 설명되면서 지금까지 회자되고 있으나, 그 설정이나 의미가 명확하지 않기에 학자는 학자마다 학인은 자신의 스승마다 설이 달라 설왕설래하고 있는 실정이다.

이 부분에 대한 도솔명리학의 논지에 대해서는 지금까지 공부를 통해서도 그리 어렵잖게 짐작할 수 있을 것으로 여겨진다. 단도직입적으로 이 부분에 대한 도솔명리학이 제공하는 대운의 논지는 시간여행이다. 앞서 사주팔자를 특정한 에너지가 오가는 통로를 가지는 옷이라고 가정한 바 있다. 그리고 비록 그 옷을 입고 있는 해당인의 속성과 운명을 다소 깊이 살펴야 되는 경우도 있지만, 중요한 것은 일단 그 사람에게 한 번 입혀진 그 옷은 '한 평생을 입고 가야 하는 옷이더라.'고 설한 바 있다. 이해를 도모하고자 '사주 팔자四柱八字'를 벗어낼 수 없는 옷에 비유했지만, 사실은 벗겨낼 수 없는 옷이라 함은 자신만의 온갖 특성을 담고 있는 자신들의 몸이며 바로 각기 자신들인 셈이다.

가령 이와 같은 의미로 사주팔자를 인용한다면, 대운이라 함은 한 평생을 특정한 에너지가 오가는(받을 수도 있고 내보낼 수도 있는) 통로를 가지고 있는 그러나 결코 벗을 수도 없는 옷을 입고, 대운大運의 주어진 시간동안 대운大運의 천간지지를 차지하고 있는 글자가 뿜어내는 특정한 에너지 샤워가 늘 내리고 있는 왕국들을 여행하며 지나가야 하는 **시간여행**(Time traveling in special kingdom on the earth for the restricted hours.)에 비유할 수 있겠다.

앞으로는 가지만 뒤로는 돌아갈 수 없는, 말하자면 누구나 또 그 자신이 알든 모르든, 삶의 어떤 이유 때문에, 또 이루든 이루지 못하든 그 목적을 짊어지고 있으며, 또 출발한(태어난) 이상 죽을 때까지 그 여행을 멈출 수도 없는, 마치 아이들의 동화책인 '오즈의 마법사'에 나오는 주인공 도로시가 겪으며 지나가게 되는 여정이나, '이상한 나라의 앨리스'에서 앨리스가 경험하게 되는 여정에 비유할 수도 있겠다.

그리고 세운歲運은 대운의 기간 동안 특별한 왕국에서 시간여행을 계속하는 동안 1년간씩 머물러야 하는 10개의 특정화된 코스를 가지고 있는 관광지에 비유할 수 있다. 그리고 이들 각 관광지에는 12개의 부스-룸(Booth room)이 있고 또 이 부스-룸(Booth room)에서는 30개의 물품만을 제공 받아 먹든 입든 사고팔든 사업을 하고 연애를 하든 하여튼 그렇게 비슷한 조건을 가진 또 다른 수많은 사람들이 함께 머물며 소위 명리학적으로 형刑 충沖 회會 합슴을 겪으며 무리도 짓고 흩어지기도 하면서 각자 자신들의 삶을 살아가게 되는 셈이다.

도솔명리학에서는 이상과 같이 현상계現象界에 보이는 작용이나 영향력을 궁구窮究하는 외에 그 이면에 존재하고 있는 그러나 인간의 몸으로는 알 수 없는, 보이지 않는 절반의 세계가 있음을 알고 그 세계에서의 에너지의 작용이나 영향력에 대한 논지들을 제시하고 있다. 이들에 대한 보다 상세한 논지의 이론들 또한 이 책의 발행 취지와 다르므로 다음 기회로 미루기로 하겠다.

도솔명리학에 의한 사주팔자 입식 작성례

　이상에서 논하고 있는 논지들을 토대로 기존의 명리학계가 정칙으로 규정하여 사용되고 있는 사주팔자의 입식 기준에 의거해 출력하고 있는 사주팔자는 한마디 속된 말로 '그야말로 개판'이 아닐 수 없다. 결국 전 국민의 사주팔자가 아니 명리학과 동양학을 믿고 따르고 있는 동양권의 중국 한국 일본을 비롯한 여러 나라 국민들의 사주팔자 전부가 엉터리였다고 하는 말이니 참으로 개탄스럽고 부끄럽기까지 하다. 아무튼 상기의 논지들을 토대로 사주팔자를 입식하고 대운의 설정을 한 사례를 들어 비교함으로써 쉽게 이해를 도모하고 무엇보다 먼저 실전적實戰的으로 취용하고 적용해 명리학의 새로운 세계를 열고 들어가 그야말로 깜짝 놀랄 만큼의 흥분과 희열을 느껴 보시길 기대한다.

　도솔명리학의 월건(月建=立月) 설정 방식을 적용한 가칭 도솔만세력[6]에서의 월건(月建=立月)의 절입節入 시기始氣와 기존 만세력의 월건의 절입 시기 사이에는 15일의 차이가 있다. 즉 1개의 절기節気 만큼 차이가 있다. 이로 인해 첫째 사주팔자의 월주月柱가 바뀌고, 둘째 년주年柱까지 바뀌는 경우가 발생하고, 셋째 대운과 대운의 전환수도 바뀌는 것이니 그야말로 통탄해 마지않을 수 없는 경우도 허다하다. 이런 경우가 된 여성의 사주를 사례로 〈표 5〉에 나타내 비교하였다. 정확성의 여부는 여기서 논해야 소용없고 본인들이 직접 자신의 생일을 터 잡아 감정해보면 기존의 명리학이 제시하지 못한 또 다른 세계를 보게 될 것이다.

도솔명리학의 월건月建=立月 설정 방식을 적용한 가칭 도솔만세력[주]에서의 월건(月建=立月)의 절입시기가 달라져도 기존의 만세력의 월건에 의한 월주月柱의 천간지지가 바뀌지 않는 경우가 약 15일간 즉 1개의 절기節気가 존재한다. 말하자면 도솔만세력과 기존의 만세력이 약 15일간은 겹쳐지게 되어 있다. 따라서 이 기간에 태어난 사람은 월주는 바뀌지 않는다. 말하자면 도솔명리학의 월건 방식을 적용해도 사주팔자는 바뀌지 않는 경우가 있지만 대운의 수는 모두 바뀌고 또 남녀에 따라서는 대운의 흐름이 바뀌는 경우가 생긴다.

비록 월주月柱가 바뀌지는 않으나 월건月建의 날짜가 달라짐으로 인해 대운大運의 전환수轉換数가 달라진다는 것이고, 둘째 기

---

6) 도솔만세력 : 도솔명리학에서의 월건방식과 대운大運 산정법을 적용하여 만들 수 있는 만세력을 가정하여 이들을 총칭総称한 의미임.

존의 모든 명리학에서는 남자이고 년주年柱의 천간이 음陰이면 대운大運의 흐름을 역행逆行으로, 양陽이면 순행順行으로 설정해야 하고, 마찬가지로 여자이고 년주年柱가 양陽이면 대운大運의 흐름을 역행逆行으로, 음陰이면 순행順行으로 설정해야 하는 것이지만, 도솔명리학에서의 대운大運의 논지는 남녀의 구분도 년주年柱의 천간 글자의 음양陰陽의 구분도 없으므로 누구나 모두 대운大運이 순행順行하게 되는 사례를 <표 6>와 <표 7>에 나타내었다. 단, 대운의 수는 도솔명리학의 대운 계산법에 따르는 것으로 하고, 시지時支의 한계 문제는 여기서는 논외로 하되 도솔명리학은 현재로서는 고전의 시주時柱 적용을 따른다고 한 바 있다.

아래에 몇 가지 사례를 들어 이해를 도모하였다.

(1) 년주年柱, 월주月柱, 대운大運과 대운의 전환수轉換數까지 바뀌는 사례

<표 5>

생년월일		여자女子	(양력 기준, 24시간) 1979년 2월 18일 22시 22분					
적용 명리학		기존의 일체 명리학			도솔명리학			
적용 만세력		기존의 일체 만세력			도솔만세력			
절기/월		입춘立春 / 병인丙寅 월			우수雨水 / 을축乙丑 월			
사주팔자		시주時柱	일주日柱	월주月柱	년주年柱	시주時柱	일주日柱	월주月柱	년주年柱
	천간天干	기(己)	병(丙)	병(丙)	기(己)	기(己)	병(丙)	을(乙)	무(戊)
	지지地支	해(亥) (戊甲壬)	진(辰) (乙癸戊)	인(寅) (戊丙甲)	미(未) (丁乙己)	해(亥) (戊甲壬)	진(辰) (乙癸戊)	축(丑) (癸辛己)	오(午) (丙己丁)

대운설정	전환수	75	65	55	45	35	25	15	5	77	67	57	47	37	27	17	7
	대운천간	甲	癸	壬	辛	庚	己	戊	丁	癸	壬	辛	庚	己	戊	丁	丙
	대운지지	戌	酉	申	未	午	巳	辰	卯	酉	申	未	午	巳	辰	卯	寅

(2) 월주月柱, 대운大運의 전환수轉換数와 대운의 흐름이 바뀌는 사례

① 남자이고 년주年柱의 천간天干이 음陰일 때

〈표 6〉

생년월일		**남자男子**			**(양력 기준, 24시간)**	**1959년**	**11월**	**17일**	**13시**	**20분**	
적용 명리학		기존의 일체 명리학				도솔명리학					
적용 만세력		기존의 일체 만세력				도솔만세력					
절기/월		입동立多 / 을해乙亥 월				소설小雪 / 갑술甲戌 월					
사주팔자		시주時柱	일주日柱	월주月柱	년주年柱	시주時柱	일주日柱	월주月柱		년주年柱	
	천간天干	무(戊)	계(癸)	을(乙)	기(己)	기(己)	계(癸)	갑(甲)		기(己)	
	지지地支	오(午)	묘(卯)	해(亥)	해(亥)	미(未)	묘(卯)	술(戌)		해(亥)	
대운설정	전환수	73	63	53	43	33	23	13	3	78	68	58	48	38	28	18	8
	대운천간	丁	戊	己	庚	辛	壬	癸	甲	壬	辛	庚	己	戊	丁	丙	乙
	대운지지	卯	辰	巳	午	未	申	酉	戌	午	巳	辰	卯	寅	丑	子	亥

② 여자이고 년주年柱의 천간天干이 양陽일 때

<표 7>

생년월일	여자女子	(양력 기준, 24시간) 1972년 09월 21일 19시 33분	
적용 명리학		기존의 일체 명리학	도솔명리학
적용 만세력		기존의 일체 만세력	도솔만세력
절기/월		백로白露 / 을묘乙卯 월	처서處暑 / 무신戊申

사주팔자		시주時柱	일주日柱	월주月柱	년주年柱	시주時柱	일주日柱	월주月柱	년주年柱
	천간天干	병(丙)	을(乙)	기(己)	임(壬)	병(丙)	을(乙)	무(戊)	임(壬)
	지지地支	술(戌)	묘(卯)	유(酉)	자(子)	술(戌)	묘(卯)	신(申)	자(子)

대운설정																
전환수	75	65	55	45	35	25	15	5	70	60	50	40	30	20	10	0
대운천간	申	壬	癸	甲	乙	丙	丁	戊	丙	乙	甲	癸	壬	辛	庚	己
대운지지	丑	寅	卯	辰	巳	午	未	申	辰	卯	寅	丑	子	亥	戌	酉

　<표 5>는 양력 1979년 2월 28일 22시 22분에 태어난 여자의 사주팔자이다. 태어난 절기는 기존 명리학으로 설정하면 입춘이지만 도솔명리학에서는 대설大雪이 월건의 기준이므로 병인丙寅월이 아니라 을축乙丑월이 되는 것이며, 을축乙丑월이기 때문에 년주年柱가 기미년己未年이 아니라 무오년戊午年으로 바뀌어야 타당하다. 대운수는 도솔명리학의 대운 산정법에 따라 대설大雪에 태어난 일시까지의 날짜수가 약 24일 21시간인데 이를 3으로 나누면 몫이 8이고 나머지가 1이하이다. 따라서 대운수는 8이다. 남녀의 구분을 불문하고 순운順運을 따른다.

위 당사자의 말을 빌리자면 아직은 젊은 나이이지만 10군데도 더 방문해서 자신의 삶을 감정하여 보았지만 가는 곳곳마다 약간씩은 상이했지만 비슷하긴 했다는 것인데, 문제는 결코 자신과는 무관한 것처럼 여겨졌다고 했다. 그러므로 사주팔자라는 것을 믿기가 힘들었고 지치기도 하여 철학(명리학)은 좀 아닌 것 같다고도 했다. 마지막으로 도솔명리학을 알게 되어 자식과 남편 문제로 감정을 의뢰한 것이며 감정 결과는 소름이 뻗친다는 말로 표현하였다.

<표 6>는 양력 1959년 11월 17일 오후 13시 20분경에 태어난 남자의 사주팔자이다. 태어난 절기는 기존의 명리학으로 설정하면 입동立冬이지만 도솔명리학에서는 상강霜降이 월건의 기준이므로 을해乙亥월이 아니라 갑술甲戌월에 태어난 것이 되고 대운수 산정 일수는 상강의 절입시간에서 생일까지의 날짜 수가 약 24일이 된다. 그러므로 3으로 나누면 8이 몫이므로 8운이 된다. 남녀의 구분을 불문하므로 순운을 따른다. 이 당사자의 감정 후 소감과 표현은 그 앞의 사례보다 더하였다. 자화자찬인 것 같아 생략한다.

<표 7>은 양력기준 1972년 9월 21일 오후 19시 32분경에 태어난 여자의 사주팔자이다. 위와 마찬가지로 태어난 절기는 기존의 명리학으로 설정하면 백로白露이지만 도솔명리학의 월건 입식의 기준은 처서處暑이므로 기유己酉월이 아니라 무신戊申월에 태어난 것이 되고, 따라서 대운수의 산정일수는 처서處暑의 절입節入 시기始氣에서 생일까지의 날짜 수는 약 29일 9시간 정도 된다. 결국 대

운수는 29를 3으로 나눈 몫 9에 나머지가 2일 3시간 정도이고 이를 반올림 할 수 있으므로 10운이 된다. 대운의 흐름은 기존명리학에 의하면 역운이어야 하지만 도솔명리학에서는 순운順運만을 따른다. 이 당사자의 경우 감정 후 소감은 사주팔자가 이토록 무서운 것인 줄 상상도 못해 봤다고 하였다.

四柱
八字

제7장

결미 結尾의 변 辯

생각하건대 도솔명리학을 제대로 다 전달하기엔 너무나 턱없이 부족하지만 이렇게 결미를 정하고, 다만 도솔명리학의 일부 기초 이론만을 부록으로 예시해 첨부함으로써 도솔명리학의 상세한 이론들을 차후의 기회로 미룬 것은, 이 책의 서두에도 언급한 바가 있지만 무엇보다 먼저, 가령 명리학을 중급 고급으로 공부한 분들이나 설령 사주철학을 주업主業으로 삼고 있는 분들이나 나아가 명리학자라 하는 분들조차 자기 앞에 놓인 사주팔자의 감명이 실제의 인생행로 내지 삶과 서로 맞지 않아 혼란스러워 했을 경우가 정녕 적지 않았을 것이므로, 이런 분들에게, 명리학이라고 학문에서 가장 핵심적이고 중차대한 3가지의 근간根幹, 즉 사주팔자의 입식立式과 그 입식에 따른 대운大運의 설정 그리고 사주감명의 가장 중요한 핵심 기초이론인 12운성포태법과 관련하여, 기존의 명리학이 숙명적으로 안고 있는 희대稀代의 잘못된 논지와 오류誤謬들을 바로 잡아 새로운 논지와 이론을 제시하여 기존의 삿된 이론을 대체함으로써, 그분들이 직접直接 지금까지 겪어보지 못한 놀라운 명리학의 세계로 바로 직통直通하도록 하여, 그 세계를 한껏 열어보고 환희의 시간을 직접 경험해 보실 것을 기대해서이다.

사실 월건月建과 시건時建[7]에 의한 사주팔자의 입식立式과 대운大運의 설정 그리고 12운성포태법이라고 하는 3가지 주제 자체가 명리학의 시작이자 과정이고 전부全部라고 해도 결코 과언過言이

---

7) 시건時建: 월건月建은 사주팔자를 감명하기 위하여 명리학식 목적으로 월月을 세워 명칭을 부여한다는 의미인데, 이와 같은 동일한 취지로 시각을 세우는 것을 일컫는 말이다. 현재 각 나라에서 일반적으로 사용하고 있는 국제규정의 '표준시간제'와는 다르다.

아니다.

　따라서 이 책에서 저술하고 있는 이들 3가지 부분에 대한 내용을 따라 직접 사주팔자를 바꾸어 설정하여 감명해 본다면, 기존의 사주팔자에 대한 감명의 일반적인 비견 겁재 인수 편인 식신 상관 정관 편관 정재 편재 정도의 통변 기법技法과 12운성의 적용 및 왕쇠강약 정도의 기초적 요령要領만으로도, 비록 잘못된 논지들과 바로 잡아야 할 부분들이 곳곳에 적지 않지만, 그러나 굳이 도솔명리학이 논지하고 있는 음양육행론으로 사주팔자를 풀거나 감명하지 않아도, 충분히 명리학의 신세계를 열어볼 수 있고 또 그 환희를 절절이 느껴보기에 전혀 부족하지 않을 것이다.

　이런 이유에 기대어, 음양 6행론만으로도 삼라만상의 생사멸生死滅을 설명할 수 있고 현대의 거시물리학이든 또는 미시물리학이든 설명하지 못할 것이 없는 도솔명리학의 상세한 기초이론들이나, 이 기초이론을 중심으로 풀어보아야 할 중급의 사주감명의 새로운 방법, 그리고 나아가 신神들의 영역이라 할 수 있는 전생前生과 내세來世에 대한 고찰을 추론하고 영靈적인 세계를 고찰해 볼 고급이론들은 대부분 생략되었다.

　다만 부록을 통해 일부 천간론과 지지론을 담아 소개하고, 더불어 천간 지지들의 수많은 이론 가운데 작은 일부를 특정하여 도솔명리학으로 풀어가는 의미와 논지들은 무엇이 다른가를 간략하게 제공함으로써, 이 책에서 제시하고 있는 도솔명리학의 논지들이 얼마나 탄탄하고 보편타당함을 기초로 하고 있는 것인지, 아울러 얼마나 일관성 있는 논지들을 담고 세상에 나온 것인지에 대해 간단하게나마 선후배제현들이 엿볼 수 있도록 하였다.

도솔명리학에서의 천간론과
지지론 및 합合과 충沖,
그리고 음양육행론의
10개 법칙

도솔명리학의 천간론과 지지론

(1) 기초배경과 논지

주지하다시피 이 책의 본론에서 도솔명리학의 기초이론인 음양론과 6행론에 대한 요체를 언급하고 다소간 그 논지들을 논하였으므로 이곳 부록에서는 생략하고 바로 천간과 12지지론에 대한 논지를 요약해 설해 가기로 한다. 천간론과 지지론을 피력하기 위해서는 도솔명리학이 삼라만상에 생사멸의 이치와 바탕에 대하여 모토母土로 삼고 취하고 있는 기본적인 몇 가지 관점과 그에 따른 철학적 식견을 설하지 않을 수 없다.

① 신神들에 대한 단상斷想 이야기

비록 고도화된 물질문명과 과학기술들이 무신론자들을 양산하고는 있지만 인류의 대다수가 어떤 의미로든 신앙을 가지고 있고 인간들은 그 논지에 자유로울 수 없는, 이른바 우리들 인간들의 영원한 숙제이고 숭상의 대상이기도 한 불가사의한 그들, 즉 신神에 대한 이야기를 도솔명리학도 배제할 수 없다.

그러나 도솔명리학이 소위 신神이라고 하는 분들에 부여하여 견지堅持하고 있는 식견識見과 이론理論은, 보편적인 일반의 사람들이 신앙하고 있는 종교들의 소위 신神에 대한 교리와는 명확하게 다르다. 말하자면 현존하고 있는 가장 거대한 종교라 할 수 있는 기독교 가톨릭 회교 불교 그리고 수많은 그들의 종파들을 포함한 종교들이, 불교와 불교에서 파생한 종파들을 제외하고는 대체적으로 신神을 하나의 전지전능한 인격체로 유일신의 개념으로 신앙하고 있다. 그러나 수많은 신神들이 존재하고 있음을 교리적으로 삼고 있는 불교에서도 각기 신神들을 하나의 독특한 인격체라고 하는 인식과 교리를 바탕으로 그 존재들을 인정하고 있음은 부인할 수 없다.

그런데 도솔명리학이 취하고 있는 입장은 이들과는 좀 다르다. 예컨대 신神과 영(靈, 신령이라고 칭함)으로 구분하고 있다. 이들을 도솔명리학 식으로 좀 더 구체적으로 추론推論하여 설명해보자면 이들 신神과 영靈은 역할이 다른 존재여서 신神은 삼라만상에 존재하는 모든 힘과 그 힘의 집행 그리고 거둠의 작용을 관여하며 관할하고, 영靈은 삼라만상에 존재하는 모든 정보와 인지認知 그리고 그 모든 인과因果를 관여하며 관할하는 존재로 정의되고 있다.

② 신神과 영靈의 의미와 삼위일체론

이들 신神과 영靈은, 시작과 끝을 알 수 없는 존재로서의 어둠과 밝음 그리고 시간에 스며들어 하나를 이루고 있었으며, 태초의 혼돈混沌마저 품어 안고 존재하고 있었다. 혼돈混沌이 음양으로 분열하면서부터 끝없는 분열과 이합집산을 거치며 결국 대폭발이 발생하기에 이르고, 이후 온갖 곳으로 산산이 흩어지지만 신神과 영靈에 의해 새겨진 인과의 정보와 정체성의 정보 그리고 이합집산의 온갖 정보들이 그들 자신과 현상계라고 하는 공간에 나누어져 남겨졌다. 산산이 흩어진 이들은 그들 안에 남겨진 신神과 영靈들이 함께 작용하면서 다시 밝음과 어둠과 시간에 의해 공간 속에서 서로에게 남겨진 정보를 찾아 이합집산하게 되니 새로운 삼라만상이 생겨나기 시작하였다.

이와 같이 신神과 영靈은 자신들을 각기 삼라만상 속에 나투어 유전遺伝하니 삼세(三世, 과거세 현재세 미래세)에 늘 공존共存해 있다고 하는 것이다. 이러한 이치를 두고 불교에서는 '삼라만상森羅万象 실유불성悉有仏性'이라 이름 지어 핵심교리로 삼고 있다 할 것이나, 이처럼 근원적인 현상계 이치를 논지하여 깨닫고 있는 이는 단언컨대 없었을 것이다. 유일신과 창조주를 신봉하는 종교에서는 하늘의 군대가 있으며 수많은 역할을 하는 수많은 천사들을 이야기하고 있지만, 그들은 스스로 선택하지 못하고 늘 유일신의 뜻과 계명을 따라야 한다는 교리로서는 광대무변한 우주의 삼라만상이 갖게 되는 생 사 멸에 대한 설명을 시작하지도 못할 것이다. 아무튼 도솔명리학에서는 '신神 령靈 행行의 삼위일체'라 하여 주요 이론으로 삼고 있다.

이상의 요지들을 담고 있는 '신 령 행의 삼위일체론'은 '신 음양론'

, '신 육행론' 그리고 아래에서 논하게 될 '신 천간론' 및 '신 지지론'과 더불어 도솔명리학의 5대 기초이론이자 바탕이론들이라 할 것이다. 조금 더 덧붙이자면, 삼위일체론에서의 행이라고 하는 것은 '신 육행론'에서 육행六行을 의미하는 것이며, 삼위일체론은 삼라만상森羅万象이라고 하는 것에 대하여 형이상학적 개념과 형이하학적 개념으로 굳이 논할 수는 있지만 결코 분리되어 존재할 수 없다는 논지가 반영된 것으로 도솔명리학의 5대 기초이론 전체에 깔려 있다고 하겠다.

③ 미리 인용하는 상존常存의 법칙

앞으로 도솔명리학의 이론을 계속해 논하기 위해서는 위에서 설해진 명리학의 바탕 논지와는 별도로 반드시 먼저 알아두어야 할 것이 있다. 예컨대 도솔명리학은 음양육행론의 10개 원칙을 세우고 그 이치를 설하고 있는데, 이 원칙들은 명리학의 공부뿐만 아니라 학문적 궁구窮究에도 지대한 도움을 줄 것으로 기대하고 있다. 아무튼 이 이치들은 다음의 주제에서 논할 것이지만 도솔명리학에서 반드시 알아야 하는 내용들이다. 그러나 무엇보다 그들 중에서 '제3법칙'인 '부모자식 상존의 법칙'은 도솔명리학의 전체 논지에서 매우 중요한 근간을 제공하고 있을 뿐 아니라 공부하는 이들의 쉬운 이해를 도모하도록 할 수 있는 법칙이므로 미리 인용해 알리고자 한다. 이 제3법칙을 인용하자면 아래와 같다.

제3법칙 - 부모자식父母子息 상존常存의 법칙

더욱이 결코 망각하거나 착각하지 말아야 할 것은, 무엇인가가 어떤 상태에서 어떤 조건들이 만족하여 분열하고 분화하는 존재가 생겨났다고 해서, 모태母胎는 물론 모태母胎의 본질이나 입태入胎한 종자種字가 사라지는 것이 결코 아니라는 것이다. 이는 가장 근본적이고 참된 이치理致로 삼아야 하는 것이니, 음양오행이나 명리학을 구학求學함에 결코 내려놓는 일이 있어서는 아니 될 것이다.

말하자면 태초에 혼돈이 음양으로 갈렸다 해서 혼돈이 어느 순간 없어지고 음양만이 남아 있고, 다시 음양에서 4행으로 분열되었다 해서 음양이 갑자기 사라지고 4행만이 덩그러니 남았다 할 수 없다. 비록 피할 수 없는 어떤 존재감 내지 현실적 존재의 이유로 1개 행行이 4행行에 얼렁뚱땅 보태어져서 5행五行이라 할 수밖에 없었다고 하더라도, 그래서 그 오행五行이 다시 분화하고 분열하여 10간干이 되었다고 해도 그 오행五行이 사라지고 10간干만이 남아 있는 것은 결코 아니다. 비록 주어진 환경과 여건에 따라 분열하여 독특한 특성을 품게 되면서 변화하는 존재일 수밖에 없었다 하더라도 그렇다고 모두 분화되어 버리는 것은 아니라고 보는 것이 타당하다. 이 이치는 설령 경쟁이나 투쟁의 경우에도 다르지 아니하다.

이 법칙에 대하여 보다 자세한 논지의 각론들이 적지 않아 이들도 함께 다루어 논해야 하겠지만 중요한 요체들은 정리가 되었을 것으로 여겨지므로 다음 기회로 미루기로 한다. 그러나 다만 한 가지, 기존의 명리학설의 토행土行과는 전혀 다른 의의意義와 개념을 가지고 있으며 계행界行이라고도 불리는 도솔명리학에서의 토행土行이 과연 상존의 법칙을 따르며 어떻게 음과 양의 존재로 분열하고 발달해서 기존 명리학에서의 오행五行처럼 나아가 십간十干처럼 논지될 수 있을 것인가에 대해서는 도솔의 육행론 토행론 표제에서 상당히 자세하게 논하고 설명하였지만 또 다시 생겨나는 의구심은 어물쩍 지우기 힘들지도 모르겠다.

담겨 있으면 양陽이요, 비워지면 음陰이라. 예컨대 사람의 몸이 태어나 작용하면 양으로 행하니, 커지고 움직이고 말하고 살아가면서 온갖 행동과 관계에서 또 온갖 것을 만들어 채워 내나니 도솔명리학에서의 계행界行이 안고 있는 양陽의 바탕이다. 반대로 사람의 몸이 작용하지 못하면 음으로 행하나니 몸을 구성하고 있는 계행도 무너지고 구성체들이 본래의 행으로 돌아가게 되어 몸이 사라지고, 결국 그 몸의 있던 자리도 비우게 되므로 도솔명리학에서의 계행界行이 음의 바탕으로 돌아간 것이라 할 것이니, 음陰을 담으면 음陰이요 양陽을 담으면 양陽이다. 계행界行으로서의 토행이 기존 명리학의 토행土行처럼 분열해 갈 것인가에 대한 의구심은 지워지리라 여겨진다.

④ 기타
이러한 이치理致도 시간행이 존재하지 않으면 존재할 수 없는 것

이니 암행(暗行=시간행)은 언제까지나 암행暗行으로 존재하고 있다 하겠다. 요약하자면 오행五行이 이름은 똑같은 오행五行일지라도 담고 있는 이치理致가 다르니 완전히 다른 오행五行이랄 것이다. 이와 같이 완전히 다른 오행이 밝음과 어둠과 시간의 역易에 따라 신神과 영靈을 담고 그들과 함께 분열하며 나아갔던 것이다.

(2) 천간론과 지지론

① 신新 천간론

음양오행이 음양에서 오행이 나온 것이라서 그렇게 일컫는 것이든, 아니면 각기 오행에서 음양을 나누어 설명하기 때문에 그렇게 일컫는 것이든, 어쨌든 음양오행이 삼라만상을 이루고 있는 근간根幹이라고 하면서도 이를 받쳐주는 보편타당한 논지들을 제대로 찾아 볼 수 없었음은 서글픈 현실이다.

목행木行과 그 자식들인 갑甲과 을乙을 일러 그저 큰 나무이니 화초이니 하고, 토행土行과 그 자식들인 무戊와 기己를 일러 큰 산이니 농사짓는 땅이니 건토이니 습토이니 분류하고, 화행火行과 그 자식인 병丙과 정丁에다 태양이니 호롱불이니 하거나, 금행과 그 자식인 경庚과 신辛을 바위이다 자갈이다 보석이다 하고, 나아가 태양계의 행성行星인 목성 화성 목성 금성 토성에 비유하여 그 행성의 속성들이 어쩌고저쩌고, 지구와 가까워진다거나 멀어진다거나 또는 공간적으로 크로스(cross)가 어쩌고저쩌고 평행이 어쩌고

저쩌고 하는 논지들을 설하고 있는 한, 속된 말로 유치幼稚함도 도
진개진이다.

아무튼 밝음과 어둠과 시간의 역易에 따라 분열하기 시작한 오
행五行 속에서 각기 나누어져 발달된 10개의 에너지 덩어리들은
독특한 속성과 별개의 특징적인 에너지를 나누어 가지게 되는 과
정을 거치다, 마침내 충분히 서로 다르게 특정될 수 있을 만큼의
존재로 자라나 드러나게 된다. 이들의 존재는 가히 온 삼라만상을
이루게 할 큰 바탕이라 할 만큼의 독특한 에너지와 천변만화千変
万化하는 작용력을 소지하고 있으니, 이들을 일컬어 도솔명리학에
서는 삼라만상을 이루는 10개의 큰 바탕이라 하여 10질質이라 한
다. 물론 여기서 논지되고 있는 오행五行의 개념은 이 책의 '신 음
양론'과 '신 육행론'에 기인基因하고 있음은 더 논할 바가 없다.

이들 10질質에, 앞서 논한 바 있던 신神과 영靈이 어둠과 밝음
그리고 시간의 궤적과 함께 깃들고 스며들고 동화하여 또 다른 존
재가 탄생하게 되니 이들을 10천간이라 하였다. 이들은 신, 영, 어
둠, 밝음, 시간이 가지고 있는 불가사의한 에너지의 원천을 나누어
가졌고 삼라만상이 생사멸生死滅의 모든 인과의 정보를 공유하면
서 불가사의한 존재가 되었다. 이들은 각기 때로는 여럿이나 하나
를 이루면서 변화하는 삼라만상에 나투어 존재하고 에너지와 인
과의 모든 정보를 행사하고 있었던 바, 10질質을 바탕으로 신과 영
이 작용하여 삼라만상을 만들어 내었다. 이들 존재는 가히 하늘의
덮음이라 할 것이어서 천간天干이라 칭하니 이들이 바로 10개의 천
간天干이다. 따라서 이들 10개의 천간天干과 관련하여 궁구窮究하

고 있는 이론과 논지를 설하게 되므로 '신新 천간론天干論'이다.

② 신新 지지론地支論

도솔명리학에서 12지지론地持論이란 지구地球라고 하는 지구계地球界에 한限해서 논할 수 있는 것으로, 광대무변한 우주의 불가사의한 에너지를 뿜어내고 있는 우주를 하늘의 천간론에 비유하듯, 지지론은 이 지구가 24절기로 칭할 수 있는 시간에 따라 변화하는 모습으로 온갖 무명 유명의 존재들이 생사멸하는 과정을 통해 변화해 가도록 하는 장(場,=界)으로서 지구에 비유하여 설하는 이론이라고 정의할 수 있겠다.

조금 더 설명하자면, 여기서 말하는 지구地球라고 하는 존재조차도 우주의 천간天干의 에너지들이 독특한 특성과 규칙으로 응집해 뭉쳐져 생겨난 존재이며, 아울러 유명有名 무명無名의 지구계의 모든 존재들도 지구계地球界에만 존재하는 독특한 에너지 채널을 통해 시간을 따라 천간의 에너지를 받고 돌려줌으로써 끊임없는 소통을 가지며 생生하고 사死하고 멸滅해 가는 과정을 겪게 되는 것이니, 마치 영원할 듯한 천간과 지지간의 균형均衡과 조화調和의 틀 속에서 삼라만상이 존재하고 있다는 논지의 기저基底 사상思想이 '신 지지론'에도 숨어 있는 셈이다.

물론 '신 지지론'이란 것도 지구계에 존재하는 에너지의 변화를 24절기에 비유하고 이들 절기를 2개씩 묶어 12개의 월月을 세우니 월건月建 내지 입월立月이라 칭하고, 이들 월月에 자子 축丑 인寅 묘卯 진辰 사巳 오午 미未 신申 유酉 술戌 해亥라고 차례대로 칭하여 천간과 짝을 만들어 에너지의 통로에 대한 특성을 담아내니 12 지지地支라 하고 이들에 대해 궁구窮究하고 있는 논지와 이론임은 사실이다.

다만 기본적인 개념의 설정과 그 논지들이 다르고, 보다 중요한 차이점은 앞서 대운의 설정과 관련하여 논지를 설한 바와 같이 입월立月 내지 월건月建의 설정이라 할 수 있다. 이 설정의 차이점을 여기서 한 번 더 명확히 짚어보고 다음의 주제로 넘어가기로 한다.

기존 명리학에서는 한 해의 월건의 기준을 '입춘立春'으로 시작하여 2개의 절기를 묶어 하나의 월月로 삼아 12개월을 세우는 반면, 도솔명리학에서는 한 해의 월건의 기준을 '우수雨水'로 시작하여 2개의 절기를 묶어 하나의 월로 삼아 12개월을 세우기 때문에 한 개의 절기 약 15일의 날짜 차이가 있으니 지지론地支論의 모토母土부터 설정까지 완전히 틀린 셈이다. 이런 점에서도 도솔명리학의 '신新 지지론'이라고 정의定義해도 무리가 없겠다.

③ 풍수학風水学을 비롯한 기타 동양학을 위한 제언

앞서 이 책의 본문 중 '제5장. 사주입식에서의 시주 간지의 적용은 고전에 따른다'의 소 표제 '1. 사주四柱 중 시주時柱의 2시간이 갖는 의미'의 말미末尾에서 풍수학을 비롯한 기타 동양학에 대한 기초이론과 논지들에 대해 언급한 바가 있다. 이와 같이 풍수학을 비롯한 기타 동양학을 언급한 이유는 이들 동양학이 원천적으로 명리학과 같은 뿌리를 갖고 있기 때문이었다.

따라서 두말 할 것도 없이 도솔명리학이 제시하여 제공할 수 있는 모든 명리학 기초이론과 그 논지들이 모든 동양학의 기초이론 과 논지들이기 때문에 그들 학문에 그대로 적용할 수도 있고 달리 그들이 얼마든지 기초이론과 논지로 취용해 응용한다 해도 전혀 무리無理가 있을 수 없다.

예컨대 여러 동양학 가운데 풍수학이란 학문도 명리학에서 논하고 있는 '지구계'라고 하는 공간계 가운데 특히 유명有名 무명無名의 모든 존재들이 생生하고 사死하고 멸滅해 가는 이른바 터전이자 땅에 관한 여러 이치를 찾아, 땅과 그 위에 살아가는 사람들이나 기타 존재물 간의 상호관계를 규명하고 이를 삶에 응용하려는 학문이라고 할 수 있다.

부언하자면 광대무변한 우주에 존재하는 천간天干들과 그 에너지들이 독특한 특성과 규칙으로 응집해 뭉쳐져 생겨나 존재하고 있는 것이 지구이고, 그 지구의 땅은 그러한 천간의 에너지들 또한 다양한 형태와 모습으로 그렇게 품고 있다는 논지는 너무나 타당하다. 그리고 이 땅은 이 땅위에서 일반적으로 생사멸하는 존재들과는 달리 굳건하고 오래토록 어떤 모양들을 유지하고 있기 때문에 더욱 그러하다. 따라서 명리학에서 논하고 있는 모든 이론과 논지들을 풍수학의 이론과 논지로 삼아 '땅'이라고 하는 존재의 이치를 궁구하고 응용함에도 전혀 무리가 없을 것이다.

이 후, 명리학의 천간지지의 합, 충, 형, 해, 극 등에 대하여 논하게 될 때, 특히 지장간에 대한 논지를 설할 때 다소 덧붙여 논하긴 하겠지만, 이 책에서는 서양학에 비해 유명무실한 학문으로 전락한 풍수학을 비롯한 여러 동양학이 크게 궁구되어 발전할 수 있는 기초논지를 제공했다는 의의意義에 만족하기로 하고, 관련 선후배 제현과 학인들의 학구열과 노력으로 이들 학문에 큰 부흥이 있기를 기대하며 각설한다.

④ 기존 명리학에서의 십간론과 12지지론의 이해

지금까지 현존하는 명리학계에서 명리학을 논지하고 있는 대부분의 서책이나 강의들은 하나같이 음양오행을 서두로 하여 그 논리를 전개하고 있고, 대개 하늘의 이치와 작용을 담아 설명하고 있다고 여겨진다. 요약하자면 태초의 혼돈에서 음과 양이 생겨나고, 이들 음과 양에서 목 화 토 금 수의 다섯 행이 생겨났다고 하고, 다시 이들 오행에서 각각 2개의 간干이 생겨나 존재하게 되니, 이들을 소위 10 천간天干 즉 십간十干이라 하여 칭한 이름에서도 하늘의 이치와 작용을 담아내려 했음을 알 수 있다.

말하자면 오행에서 탄생하고 있는 이들 십간十干에 지금 존재하고 있는 자연계의 물상들을 비유하면서, 갑甲 을乙 병丙 정丁 무戊 기己 경庚 신辛 임壬 계癸 등의 10개 글자를 정하여 하늘이 지구에 작용하고 있는 현상과 이치를 자연계의 물상에 배속하고, 이들을 10천간天干이라 이름 하고 있다는 것이 음양오행론의 모체母体인 셈이고, 명리학설의 기초이론이자 터이며, 또한 명리학의 도입부의 전부인 셈이다.

다음으로 이들 하늘의 이치를 논지하여 배속한 10개의 천간天干 과는 달리, 땅에서는 계절의 24절기를 짝으로 묶어서 12개월을 정하니 월건月建 내지 입월立月이라 하여 12개월을 정하고 이를 기준으로 지지地支를 만들었는데, 이들 지지에 관한 논지로 12지지론地支論을 세우고, 이들 12지지론地支論으로 앞서 설한 10천간론天干論과 함께 명리학의 양 기둥으로 삼았다고 볼 수 있겠다.

그러나 12개의 지지론地支論으로 복잡다단해지며 발전하는 인간사를 빗대어 볼 때, 명리학을 학설로든 학술로든 제대로 정립할 수도 없었고, 또한 본래의 취지인 미래 예측의 감정술鑑定術을 논지함에도 적잖은 난관과 한계에 봉착하였을 것으로 여겨진다. 이를 해결하기 위해 12개의 지지에 천간을 배정하여 지장간支藏干 이론이 만들어졌던 것으로 보인다. 어쨌거나 이 지장간支藏干 이론은 기존의 12 지지론地支論을 상당히 보완하여 논지할 수 있었던 것으로 보여지고, 지금에까지 두루 광범위하게 인용하여 사용되고 있는 것으로 판단된다.

간단하게 설명을 덧붙여 조금 더 고찰해 보자면, 12 지지론이라는 것이 처음에는 자子 축丑 인寅 묘卯 진辰 사巳 오午 미未 신申 유酉 술戌 해亥라고 하는 12개 글자로 나타내 표현하면서, 이들 각각에 땅에서 일어나는 식물의 성장에 대한 이치와 함께 땅위의 모습을 계절과 절기를 기준으로 하여 설해지고 있었던 이론이었다.

이후 중국의 송대에 서자평이 연해자평을 통해 12개 지지地支 각각에 하늘의 천간天干들이 나누어져 감추어져 있다고 추론하여, 땅에 하늘의 천간들이 숨어있다 하여 지장간支藏干이라 하면서 지장간론을 덧대어 논지된 12 지지론의 이론은, 현대 명리학의 공식적 대표 학설이자 전부全部인 학설이 되었다고 할 수 있다. 따라서 결론적으로 이들 음양오행과 십간 그리고 12지지와 지장간의 가설을, 명리학의 범주와 근간으로 삼아 논지하고 있는 것이 현대 명리학에 대한 현주소이다.

결국 10개의 천간과 12지지를 합하여 모두 22개 글자로 이름 지어진 것들에 대하여 각기 속성과 특성을 부여한 다음, 이들 22개 글자의 속성과 특성을 각기 또는 혼용混用하여 응용하는 법칙이나 방법 그리고 기타 기술들로 사람과 세상의 관계에 대하여 각기 또는 상대적 이치를 논지하는 이론인데, 특히 사람의 운명을 추론하는 이론을 일러 명리학이라 정의했던 것 같다.

도솔명리학에서의 합合과 충沖

(1) 천간天干의 합극合剋 의미

기존의 명리학에서 논하고 있는 천간天干의 합극合剋과 지지地支에 대한 합合 충沖 형刑 해害를 포함한 여러 가지 이론과 논지는 나름대로 타당한 것이 있는가 하면 전혀 그렇지 못한 것도 있다고 여겨진다. 이는 물론 고인古人들의 깊은 뜻을 이해하지 못하고 소통하지 못해서일 수도 있겠다. 아무튼 이들에 대한 자세한 논지를 담은 각론各論들은 다음 기회로 미루기로 하고 다만 여기서는 합合과 충沖이 갖는 의미와 작용 정도만을 도솔명리학의 논지로 간략하게 제시하여, 사주팔자에 대한 일부 감명기법과 논지를 소개하는 것으로 그치겠다.

도솔명리학에서는 원칙적으로 신神과 영靈 행行의 삼위일체인 천간天干을 두고 '합한다' '충한다' '극한다' 기타 등등 따위의 논지들은 허황虛荒된 것으로 배척한다. 다만 천간天干들이 지구계[8]라고 하는 현상계現象界의 장場에 입계入界하여 각기 여러 가지 에너지 채널을 통해 지구계의 지지地支와 상호 작용하는 과정에서 발생하는 어떤 상황과 그 상황에 따른 어떤 결과들에 대하여 부여한 의미로 제한하고 있다. 이를 명확하게 이해하고 있어야만 도솔명리학을 학문으로서 궁구할 수 있고 또 현실적으로 적용하여 사주四柱를 시의적절時宜適切하게 감명할 수 있게 될 것이다.

예컨대 지구계 내內에서 어떤 시간 동안 존재하며 지지地支와 상호 작용하고 있던 천간들이, 다시 시간에 따라 지구계에 입계入界하여 작용하려는 천간들이 서로 만나는 상황에서, 어떤 시간동안 서로 다른 천간의 에너지들이 서로 간섭하거나 동화하는 작용 따위들이 어떤 법칙을 가지며 발생하고 있는 따위를 의미함이다. 이러한 일들은 지구계의 무명無名 유명有名의 존재들이 생生하고 사死하고 멸滅해지는 전체과정에서 발생할 수 있지만 다만 어떤 일정 조건에서의 일정한 시간 동안만 존재하여 삼라만상에 영향을 주는 것이 교묘하다.

따라서 이들 천간天干들이 위에서 언급한 바와 같이 지지가 작용하는 독특한 지구계 내에서, 서로 만나 간섭하고 동화하고 거부하는 작용으로 인해 지구계의 삼라만상에 영향을 미치게 된다는 논지 하에, 명리학에서 설하고 있는 천간天干의 합극合剋이나 지지

---

8) 지구계: 도솔명리학에서 광대무변한 우주공간에서 지구가 차지하고 있는 공간을 빗대어 칭한 말로 지구에 존재하는 일체의 유명 무명의 존재를 포함해 포괄적 의미로 지칭함.

地支의 형 충 해 합 따위들을 이해하고 분석해야 하는 것이 타당하다. 물론 이들을 근간根幹으로 삼아 사주팔자의 감명에 응용할 수 있어야 할 것이다.

이상의 논지들은 기존의 명리학이 설정하고 있는 천간의 합충合沖 따위의 이론을 궁구할 수 있도록 그 근거를 제시하고 있다 하겠으나, 합과 충, 극 따위의 각론에 그 사례를 포함해 자세한 논지들이 부족함이 사실이다. 그러나 이들 각론에 대한 상세한 설명이나 사례에 대한 고찰은 중급 고급이론으로 미룬다.

원칙적으로 도솔명리학은, 고인들이 설정하고 사주의 감명에 활용해온 것이 유구한 역사를 이루고 있지만 이치를 논하고 있지 않아 깊은 의구심疑懼心을 가지고 있으며 아울러 이들 천간天干의 합이 사주감명에 타당한 이치를 가지고 있다고 온전하게 인정하지도 않는다.

다만 여기에서는 기존의 명리학이 제시하고 있는 천간합天干合의 경우에 한하여 궁구하여 얻은 주요 논지를 몇 가지 추려서 아래에 설하였다. 그 중에 ①항과 ②항의 2개 논지는 지구계地球界내內라고 하는 제한된 곳에서의 천간天干의 작용 논지와도 일부 합치하고 있는 부분도 있다 하겠다.

① 예컨대 천간이 합을 하는 예로 갑기합토甲己合土 병신합수丙辛

合水 정임합목丁壬合木 을경합금乙庚合金 무계합화戊癸合火를 들고 있지만, 사주四柱 천간에 합合의 글자들이 있다고 하여 무조건 합을 하여 천간이 변화를 하는 것은 아니다. 지지地支에서 이 천간의 합合을 어떤 의미로든 받쳐주는 경우에만 합合이 가능한데, 아래 지장간론에서 논하고 있는 논지를 참고하면 더욱 유익할 것이다.

② 합合이 가능하여 합이 되는 경우에는, 합合하는 당사자 천간의 글자들은 합하는 조건이 소멸되어 복귀되지 않는 한 합合을 하느라 자신들의 고유한 기능과 작용은 제대로 발휘하지 못한다.

③ 이외 좀 더 부가적인 해석의 셋째 논지도 필요하다. 앞서 도솔 명리학의 천간론 지지론에 대한 기초배경과 논지에서 논한 바 있는 '부모자식 상존의 법칙'이 셋째 논지인 셈인데, 이 법칙은 명리학자들이나 명리학을 업으로 삼고 있는 명리사들이나 간에 우열을 가릴 것도 없이 늘 쉽게 빠지고 있는 오류(誤謬)와 착각들 중 하나를 각성시켜 주고 있는 논지라 하겠다.

말하자면 합合하면 화化가 이루어져 다른 오행이 되거나 변화해 버린 후 이들 천간天干이 없었던 것처럼 사라지는 것이 아니라는 이치를 담고 있다. 따라서 천간의 합이든 충이든 아니면 기타 오행의 변화와 작용을 논하든 나아가 지지地支의 합 충 형 해를 논하는 논지에서 조차도 그 변화와 영향을 고찰하고 공부하기 위해서는 반드시 알고 있어야 한다.

④ 그러나 상기의 3가지 논지의 이치보다 더 중요한 이치가 있으니, 바로 천간들의 합과 극이란 것도 결국 음양론에 기인基因하고 있다는 사실이다. 말하자면 예컨대 천간天干이 서로 다른 오행五行이라는 원단으로, 또 서로 다른 모양의 옷을 입고 있다 하여도 근본적으로 음양론에서 자유로울 수 없다는 뜻이다. 말하자면 '부모 자식 상존의 법칙'도 음양론의 논지에서 기인한 것이니 결국 천간들도 음양의 문제로 합合과 극剋이 생기고 또 이 때문에 삼라만상의 모든 변화에 관여되고 또 작용되고 있다는 말이다.

이상으로서 천간의 합合이 갖고 있는 의미와 이치에 관해 4가지 정도 아주 간략하게 논해보았다. 이들 천간이 합, 극하는 이치理致는 지지론地支論이라 한들, 천간天干들이 뭉쳐지고 함축되어 그 지지地支에 갇혀져 변화를 일으키고 있는 이상, 근본적으로 다르지 아니하다.

(2) 지지地支에서의 합충형해合沖刑害의 의미

지지地支의 형 충 해 합 따위들의 기초논지도 천간론의 기본적인 논지에서 벗어나 설할 수 없다. 다만 천간들을 함축하고 있다는 논지를 바탕으로 볼 때 기존 명리학에서의 지장간 이론의 취지에 대하여는 인정할 수 있고, 우선 혼란과 혼선을 줄이기 위해서라도 기존의 지장간 이론을 인용해 논하되 도솔명리학의 기초논지들을 적용하며 새로이 논하겠다.

지장간支藏干이란 기존의 명리학에서 설정하여 제시하고 있는 지지론地支論 중 한가지이다. 정의하자면 각 지지地支에 대한 천간의 배정을 설정하고 있는 것을 의미한다. 이들을 아래의 표 〈표 2-1〉에 나타내 보았다.

〈표 2-1〉

지지 (地支)	자(子)	축(丑)	인(寅)	묘(卯)	진(辰)	사(巳)	오(午)	미(未)	신(申)	유(酉)	술(戌)	해(亥)
지장간 (支藏干)	임(壬)) 계(癸)	계(癸) 신(辛) 기(己)	무(戊) 병(丙) 갑(甲)	갑(甲) 을(乙)	을(乙) 계(癸) 무(戊)	무(戊) 경(庚) 병(丙)	병(丙) 기(己) 정(丁)	정(丁) 을(乙) 기(己)	무(戊) 임(壬) 경(庚)	경(庚) 신(辛)	신(辛) 정(丁) 무(戊)	무(戊) 갑(甲) 임(壬)

지지론地支論에 한限한다는 전제하에 위 지장간 이론의 기초 취지趣旨 자체에 도솔명리학은 크게 이견이 없다. 그러나 지지 오午에 대한 지장간의 배정을 비롯한 '자子는 음陰 중에 음陰인데 극음極陰은 양陽으로 쓴다. 오午는 양陽 중에 양陽인데 극양極陽은 음으로 취용한다.'는 등의 특별한 목적을 설하고 있는 논지를 피력하는 따위의 지지론地支論은 인정하지 않는다.

왜냐하면 기존 명리학에서 이를 설명하는 타당한 논지나 이치를 찾을 수 없기 때문이기도 하고 아울러 도솔명리학의 음양론과 육행론의 논지에 의거해 볼 때에도 비록 지구계地球界라고 하는 특성이 존재하는 점을 감안하고 고려한다면 결코 부합하지도 않고 또 기존의 명리학설로는 설명될 수 없기 때문이다.

특히 육행론에서의 계행界行으로서의 토행土行을 고려하면 타당
성이 크게 결여된 논지이기 때문이다. 그리고 지지地支 중에 자子
묘卯 유酉와는 달리 천간天干을 배정하고 있는데, 이 점도 천간의
특성과 에너지가 절기節気에 따라, 즉 시간時間을 따라 지구계에
작용하고 있다는 점을 고려하면 도솔명리학의 기초이론의 '신 천간
론'과 '신 지지론'의 논지와도 부합하지 않기 때문이다. 이를 수정한
지장간을 아래 표 〈표 2-2〉에 나타내었으니 참조 바란다.

〈표 2-2〉

지지 (地支)	자(子)	축(丑)	인(寅)	묘(卯)	진(辰)	사(巳)	오(午)	미(未)	신(申)	유(酉)	술(戌)	해(亥)
지장간 (支藏干)	임(壬) 계(癸)	계(癸) 신(辛) 기(己)	무(戊) 병(丙) 갑(甲)	갑(甲) 을(乙)	을(乙) 계(癸) 무(戊)	무(戊) 경(庚) 병(丙)	병(丙) 정(丁)	정(丁) 을(乙) 기(己)	무(戊) 임(壬) 경(庚)	경(庚) 신(辛)	신(辛) 정(丁) 무(戊)	무(戊) 갑(甲) 임(壬)

그러나 현존하는 지장간 이론에는 큰 문제가 존재하는 바, 다름
아니라 지장간을 인용하여 취용하고 있는 여기余気 중기中気 본기
本気 등으로 천간을 배당하여 나누고 있는 점이다. 특히 여기 중기
본기라고 적시하고 있는 점으로 고려해 본다면, 지장간이라고 하
는 논지가 하늘의 기운, 즉 천간들이 작용하는 것을 지칭하는 것
인지 아니면 땅 속에 그 에너지들이 표출된다는 것인지, 하늘에다
붙였다 땅에다 붙였다 소위 엿장수 마음대로 취용하고 있어 스승
이라 자처하는 이들 스스로도 또는 학인들의 입장에서도 도무지

일관성 있는 논지의 제시가 없고 불분명하다. 그럼에도 불구하고 대다수가 그저 침묵하고 있거나 피하고 있어 혼란만 가중시키고 있다는 점은 반드시 해결되어야 할 것이다.

예컨대 땅은 충해야 고庫가 열린다느니, 땅의 충이 잘못되면 고庫가 열려 나오는 것이 아니라 천간의 글자가 땅 속의 고庫로 들어가 버린다느니 등등 온갖 이상한 논지들이 혹세무민하고 있는 듯하다. 현실이 이런데도 과연 지지地支의 합 충 형 해 등 기타의 작용들에 대하여 보편타당하고 일관된 논지로 설명하고 있다고 할 수 있는 것인지, 나아가 사람의 운명을 논하며 소위 천기를 누설한다며 사주팔자를 감명한다는 것이 과연 가능하다는 것인지, 명리학으로 업을 삼고 있는 사람들에게 한 번 묻고 싶고 또 그래서 그들의 표정을 한번 보고 싶다.

어쨌든 지장간 이론이 지지地支의 형 충 파 해 등의 기초이론이자 사주의 감명을 위한 필수적 이론이며 또 기존의 명리학설을 대표하고 있는 이론이어서 도솔명리학의 입장에서도 수용하는 바가 적지 않다. 그러나 앞서 논지하다시피 많은 문제점을 안고 있는 것도 엄연한 사실이고 현실이기 때문에 보다 자세하게 지장간을 다시 살펴보며 논하고 이를 토대로 지지의 형 충 파 해 등을 논하여야 하지만, 결코 적지 않은 내용이므로 여기서는 위 문제점을 제시하고 문제 해결을 위한 기초 논지를 간략하게나마 설하는 정도로 그치겠다.

① 도솔명리학에서의 지장간

지구라고 하는 것은, 광대무변한 우주 자체라고도 할 수 있는 10천간天干이 가지고 있는 에너지와 그 작용들이 어떤 조건과 이유로 어떤 공간에서 분리되어 응집되면서 충분히 영속할 만큼의 굳건한 행성으로 만들어져 존재하고 있는 것을 의미하고, 지구계라 함은 이 지구 위에 지구만이 가지는 독특한 현상계의 어떤 세계가 존재하고 이를 포함하고 있다는 것을 의미한다. 이 간단한 논지를 바탕으로 도솔명리학의 천간론과 지지론을 비롯한 일체의 학설들이 세워진 것으로 보아도 무리는 없을 것으로 여겨진다.

상기 표 〈표 2-2〉에 대하여 도솔명리학의 논지로 설명을 덧붙여 논하기로 한다. 예컨대 아래의 〈도 1〉은 10천간과 12지지의 땅 그리고 지장간의 관계도인데, 서로 어떤 역할과 작용을 하는 것인지 이해를 도모하기 위한 그림이다. 그림에서 하늘은 광대무변한 우주공간을, 땅은 10개의 천간이 어떤 조건과 상황에서 응집되어 있되 표면은 여러 가지 형상과 물질 등이 어우러져 굳어진 것이고, 지구계는 표피와 땅을 포함한 지구의 공간계로서 우주와 분리된 상황을 간략하게 표현하고 있는 것이다. 우주와 분리되고 있는 지구계에서 땅을 제외한 공간을 환경계로 표시하고 있는데 땅의 표피인 지지地支는 환경계에 포함되고 있다. 이 환경계에서 사람을 비롯한 천하 만물이 생사멸의 과정을 거치며 존재하고 있는 셈이다. 그리고 화살표들은 하늘과 땅에서 표출되는 에너지들이라 할 수 있겠다.

그러면 이 환경계는 어떤 작용과 역할이 이루어져 천하 만물이 생사멸을 거치게 되는 것이며 특히 사주팔자에 어떤 원리가 숨어 있어 사람이 사주팔자를 통해 성품과 삶과 그 삶의 행로를 정해 시간여행을 하며 살다가 마침내 죽어가는 것일까? 이 주제에 대한 보다 상세한 내용의 논지는 다음 기회로 미루고 여기서는 〈도 1〉의 그림을 중심으로 간략하게 지장간을 논지하여 지구계 내에서의 상호 역할과 작용 그리고 영향을 살펴보고, 그래서 사주의 감명으로의 응용을 끄집어 내어보는 것까지만 간단하게 논하기로 한다.

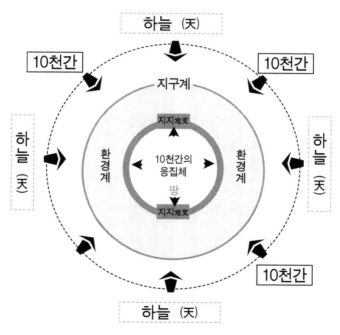

〈도 1〉 10천간과 12지지 그리고 지장간 관계도

우선 <도 1>의 환경계에 대해 도솔명리학이 설정하고 있는 논지를 설해보자. 환경계에 작용하는 온갖 특성의 에너지들은, 결국 광대무변한 우주와 삼라만상에 대한 모든 정보情報[9]와 불가사의한 에너지를 품고 있는 천간天干[10]들이 하늘에서는 하늘에서대로 땅에서는 땅에서대로 시간의 흐름을 따라 밝음과 어둠이 만들어내는 만남의 장場에서 계행界行을 매개로 서로 소통을 경주하면서 만들어지는 것들이다. 이 불가사의한 지구계만의 특성들을 가진 에너지가 천지天地 조화造化를 부리면서 지구계에 존재하는 모든 것을 생生하게 하고 사死하게 하면 멸滅해지는 과정으로 이끌고 있는 것이다. 이러한 설정을 고려한다면 지장간地藏干은 말 그대로, 지지地支라는 표면적 모습과 상황의 이면裏面에 땅이 응집하고 있는 천간天干의 에너지와 특성이 절기와 날짜라고 하는 분류될 수 있는 시간의 흐름에 따라 하늘에서 보내오는 천간天干의 작용력에 반응하고 변화하며 환경계로 에너지를 표출해 내는 시스템으로 그 의의意義를 설정할 수 있겠다.

사람의 태어난 일시를 마치 우주의 수많은 정보라도 담고 있는 양 타임스탬프(Time stamp)처럼 취용해 나타내고 있는 듯한 동양의 사주팔자에서 4개의 서로 다른 각 주柱에서의 지지地支가 품고 있는 지장간地藏干들을 취용하는 방법과 상호관계에 대한 자세한 논

---

9) 정보情報: 태초의 혼돈이 분열을 시작하여 나누어질 수 없는 극세極細 미립자微粒子로까지 분열을 계속하다 결국 대폭발이 일어나고 계행界行의 특성과 특징으로 인해 광대무변하게 공간을 제공했던 계행은 폭발로 인해 흩어지니 더욱 더 공간계의 끝을 알 수 없게 되었으나 흩어진 온갖 존재체存在體들은 자신들을 나누어 담고 새긴 신神과 영靈에 의해 새로운 삼라만상이 만들어지고 있는 현재까지의 유전遺傳 정보 일체를 의미한다.

10) 천간天干 : 삼라만상의 바탕인 10질質에 신神과 영靈이 깃들고 스며들어 신 령 행의 10개의 삼위일체를 의미함.

지는 다음 기회로 미루겠다.

(3) 도솔명리학의 육행론으로 본 합合과 간섭干涉

도솔의 육행론은 앞서 기존의 명리학에서 설정하고 있는 오행론과는 전혀 다른 논지로 설한 바가 있다. 결국 지지의 합 충 형 해 따위의 관계를 논하기 위해서는 먼저 천간들의 특성들과 에너지가 바탕이 되어 지구계地球界 내에서 일어나는 작용은 물론이고 간섭과 동화현상 따위를 알아야 한다. 이들 간섭과 동화현상들을 소위 합과 극이나 충 형 해 따위로 변통하여 사주를 감명하기 위해서는 반드시 명심하여 알아두어야 할 것이 있다.

계속해서 설해왔던 것처럼 지구계라고 하는 현상계를 정확하게 이해하고 있어야 한다는 것인데, 기존의 명리학에서 오행의 음양을 10간으로 칭하고 이들 10간에 자연의 현상을 연계하여 나름대로 사주의 감명에 응용하고 있기는 하지만 그렇게 두루뭉술하게 넘어갈 일이 결코 아니다. 그렇게 하고 넘어가기에는 사람의 운명과 인생이 너무 다양하고 또 사람이 가지고 있는 물질문명이 너무 크고 너무 많다. 여기서는 보편타당한 논리로 기존의 천간합극 이론을 비판하고 아울러 사주감명의 품질을 높이는 원천과 근거가 엄연하게 존재하고 있다는 사실을 알리는 정도로 그친다. 보다 자세한 공부는 중급 고급의 이론서에서 보다 상세하게 논하여질 기

회가 있을 것으로 기대한다. 다만 제시하는 도 〈도 -2〉 〈도 3〉
과 같이 오행의 흐름이 생기는 것은 지지의 영향 때문인데, 이에
대한 논지도 다음으로 미룬다.

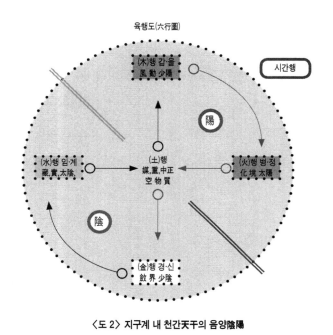

〈도 2〉 지구계 내 천간天干의 음양陰陽

〈도 2〉는 지구계 내의 천간의 음양 6행이 작용하는 형태를 그림
으로 나타내었고 도 〈도 3〉은 지구계 내 지지의 음양 6행이 작용
하는 형태를 그림으로 나타내었다. 두 개의 그림이 서로 다른 것은
지지地支의 특성 때문이다. 앞서 논한 바에 따라 지지地支는 지구
의 지표면에 비유하고 지표면 안쪽에는 10개의 천간天干이 응집되
어 있는 것에 비유하였다. 그렇다면 지표면인 땅은 10개의 천간이

나름대로의 조합組合이나 형태와 조건, 에너지의 강약, 모양 따위의 여러 가지 특성과 특징을 갖춘 채 굳어져, 뿜어 내리고 있는 천간의 특성과 에너지에 반응하며, 지구계 내의 온갖 삼라만상을 현상계로 나타날 수 있도록 하는 존재로 설정한다고 해도 큰 무리가 없다는 논지가 성립된다.

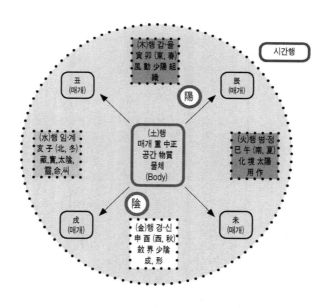

〈도 3〉 지구계 내 지지地支의 음양陰陽 육행도六行圖

천간이든 지지이든 온갖 변화를 일으키며 상호 작용하고 있는 이치를 궁구하되 보편타당한 식견과 논지로 해야 할 것이니, 명리학이든 기타 동양학이든 고인古人들이 다하지 못한 부분을 숨기고 외면해서는 안 될 것이다. 부족함과 그릇된 이론과 논지들은 과감하게 하루바삐 개폐改廢하여야 할 책임과 의무가 명리학이든 기타의 동양학이든 관련된 모든 사람에게 있다면 과언過言일까?

　궁구하여 얻은 논지들만으로도 사주에 대한 새로운 감명술로 새로운 명리학의 세계를 열기에 충분하다 여겨지지만, 이 책에서는 이 책의 발행 취지상 생략하기로 하고 도솔명리학이 궁구하여 설정하고 있는 음양육행론의 10개 법칙을 소개하는 것으로 대신한다.

음양 육행론의 10개 법칙

비록 어떤 추리推理와 추상抽象에 의해 세워진 가설假説이라 하더라도, 만약 그 논지의 시작에서부터 끝의 결론에 이르기까지 큰 무리無理 없이 논지가 타당하다 하면, 그 가설假説은 진실真実과 관련의 검증된 학문学問의 학설学説들에 비교하여 상당 부분 부합하게 마련이다. 따라서 사물의 이치理致에서 크게 벗어나는 일도 없다. 그러므로 경우와 필요에 따라 인용하여 적용할 수 있을 뿐 아니라 다양하게 응용할 수 있을 것이다.

가설假説은 모든 학문에서 매우 중대하게 사용되고 있는 경우가 적지 않고, 특히 동양의 음양오행설도 가설에서 시작하고 있음을 통찰하고 견지堅持하고 있다면 또 다른 가설假説이라 하여 거부감이 존재할 이유가 하등 없다. 더욱이 논리적으로 타당하다면 그릇된 학설은 폐기되어야 하고, 그런 잘못된 학설을 바탕으로 하고 있는 것이 있다면 그 어떤 것이라 해도 응당 쇄신刷新되어야 마땅하다.

다음에 제시하고 있는 것은 논지가 음양 오행론과 십갑론 그리고 이들 위에 정립하게 될 명리학, 나아가 삼라만상의 존재에 관해 도솔이 고찰하고 깨우친 새로운 10가지 법칙이자 가설이다. 이들 삼라만상의 10법칙은 그 논지가 비교적 명확하지만, 앞으로 많은 학인들과 학자 명리술사들의 공부와 검증을 거치게 되면서 좀 더 보완되어 결국 올곧은 이치로 정립하게 될 것으로 생각된다.

이들 법칙에는 각기 여러 가지 매우 중요한 요소들이 언급되고 있다. 이 요소들 중에는 홀로 독립적으로 규정되어 하나의 법칙으로 정의해도 무리가 없을 요소도 있으나, 생사멸生死滅하는 과정으로 존재하고 있는 삼라만상의 각 존재개념을 좀 더 명확하게 설명하고 논지할 수 있도록, 경우에 따라 이 요소들을 분리하기보다 오히려 하나의 범주와 굴레 안으로 묶어서 하나의 법칙으로 규정하였다.

(1) 음양 육행론의 10 법칙

① 제1법칙- 밝음과 어둠 그리고 시간의 법칙

태초에 우주의 모든 에너지들과 온갖 속성, 그리고 삼라만상을 구성하는 온갖 바탕(질, 質)들이 뒤섞여 뭉치고 있는 것이 존재하고 있었으니 이 존재를 혼돈混沌이라 하였다. 이 혼돈混沌에 근원과 생겨남을 알 수 없는 밝음빛과 어둠이 작용하여 서로 바꾸기를 반복하니, 그 밝음과 어둠의 역易으로 인해 먼저와 나중이 생기고, 먼저와 나중이 생기니 그 시종始終을 알 수 없는 시간도 존재함을 알게 되었다. 이들 밝음(빛)과 어둠은 시간을 매개로 혼돈混沌에 작용하고 그 반작용들로 혼돈에 변화가 생겨났다.

태초의 혼돈에서 분열이 생기기 시작하여 음과 양의 거대한 세력으로 나누어지는 것은 밝음과 어둠과 시간 때문이라는 것이 도솔명리학이 정립하여 견지하고 있는 신음양오행론에서의 가장 기초적인 개념이자 논지의 시작이고 삼라만상을 대하는 기본입장이다. 따라서 밝음과 어둠 그리고 시간은, 소위 온갖 신神과 영靈 그리고 이들 신神과 영靈이 합合하여 일체一体를 이루고 있을 것으로 여겨지는 신령神靈들이 거居하는 세계世界로 개념을 세워두고 인식하고 있다.

특히, 시간이 언제부터 존재하고 있었는지, 어떤 의미들을 갖고 있는 것인지에 대한 철학적인 명상과 과학적인 연구가 얼마나 있었던 것인지에 대한 자료를 찾아보기 어렵다. 그래서인지 최근 들어 학술적인 접근들이 적잖이 이루어지고 있다고는 하지만 형이상학적으로나 형이하학적으로 명확하게 만족할 만한 정의定義를 내리고 있다고 하기에는 다소 역부족인 듯하다. 사실 지구상에서 사람들에 의해서 가장 많이 사용되고 있는 단어를 꼽아 본다고 할 때, 아마 시간(Time)이라는 단어가 단연코 1위를 차지할 것으로 여겨지는 특별한 어휘이기도 하다. 도시에 모여 살아가는 대부분의 사람들은 늘 시간에 쫓겨 살고 있다고 하지만, 한편 생각해보면 그저 시간의 노예처럼 살아가고 있는 것 같기도 하다.

한때 현대 우주물리학자의 대표 격이자 가장 천재적 사람으로 여겨졌던 아인슈타인이라는 사람이 시간時間이라고 하는 것에 대해 새롭게 의미를 부여하고 난 후, 상대성 이론의 거대한 한 축軸으로서 시간에 대한 물리학적 중요성이 크게 대두되었고, 따라서 시간에 대한 이 새로운 논지는 학문적으로도 지식체계의 구조적 흐름에까지 거대한 변혁을 주었다고 할 수 있다. 결국 거의 모든 사람들에게 시간에 대한 개념과 인식을 적잖이 다르게 심어준 것은 사실이다.

어쨌든 도솔명리학에서 궁구하여 얻은 바로는, 참으로 놀랍게도 이 시간이라고 하는 것이 가지는 의미와 에너지는 참으로 불가사의하다는 것인데, 이는 온 우주와 삼라만상의 생사멸生死滅을 포함한 신神과 영靈의 세계는 물론, 그들 세계의 모든 존재들까지, 그야말로 그 모든 것을 지배하고 있는 것으로 여겨지고 있기 때문이다.(지배라는 표현이 다소 이상한 것 같기도 하지만 달리 다른 단어를 선택하기도 어려울 것 같다.)

비록 부분적으로는 도솔명리학의 시간에 대하여 정립하고 있는 논지가, 아인슈타인의 논지와 다소 공유되는 부분들이 있을 수도 있다 혹자들은 비판할지도 모르겠다. 그러나 혹 어떤 부분이 다소 인용되었다 하든, 논지가 다르다고 하든, 별로 중요하지도 않고 관심도 없다. 왜냐하면 그저 진실을 추구하여 그것을 인식하고, 아울러 그 이치를 이해할 수 있어서 세상사에 응용해 판단할 수 있고, 그래서 진리를 얻어 즐거울 수 있으면 족하기 때문이다.

그리고 사실 어떤 뛰어난 사람들이 혹 찾아내었던 진실이든 아니면 밝혀내었던 진실이든, 하여튼 그 진실이란 것이 그 사람의 것은 아니다. 말하자면 언제부터인가도 도무지 알 수 없는 아득한 옛날부터, 이미 이 광대무변한 우주와 삼라만상에 진실은 무한히 존재해 가득했을 것이니, 이는 그들 존재 자체가 바로 진실이기 때문인데, 사람이 그를 두고 설왕설래할 일이 아니지 않겠는가? 다만 사람들이 무지無知하여 무명無明으로 아는 바가 적은 탓으로 어리석은 삶에 아등바등 집착하며 살다가 죽음 앞에 벌벌 떨다 죽어갈 것인가, 아니면 진실과 진리를 깨달아 현명하고 지혜롭게 살다 다음 생生을 준비하며 죽어갈 것인가, 그것이 문제일 뿐이다.

아무튼 명리학의 입장에서도 시간이라는 것은 대운 소운 등으로 언급되며 매우 중요한 것으로 다루어지고, 이들 대운 소운을 사주명식과 함께 어떻게 감명하고 있는 것인가 하는 것이 명리학자로서의 길에 명암을 갈라놓을 만큼 치명적인 것도 사실이다.

특히 도솔명리학에서는 시간이라고 하는 것이 4행에 토행을 더해 오행이라 한 의미만큼이나 큰 자리를 차지하고 있기 때문에 보이지 않는 또 하나의 행이라 하여 암행暗行이라 이름 짓고 음양 5행에 이 암행暗行을 보태어 음양 6행으로 연구를 계속하고 있을 정도이다.

사실 이 시간이라고 하는 것은 가설이라 할 것이 없을 만큼, 지식의 서책들에 수많은 식견들이 담겨있는 것이 사실이다. 그러나 도솔의 가설에 시간時間을 담아 언급하고 있는 것은, 또 하나의 행行이라 해도 결코 부족함이 없을 만큼, 명리학에 그 기초와 근본적인 개념을 제공하고 있다는 입장을 견지하고 있기 때문이다. 따라서 이 시간에 대한 의미는, 10년 주기의 대운大運이나 1년 내지 월 주기의 소운小運으로 다가오거나 지나가는 것으로 끝날 일이 결코 아니어서, 차후 음양오행론은 물론 명리학 전체에서 여러 가지로 논지되어 적잖이 언급될 것이다.

② 제2법칙- 작용 반작용의 법칙

밝음과 어둠은 시간의 흐름에 따라 혼돈混沌을 지배하며 작용과 반작용을 반복하였다. 밝음과 어둠과 시간과 혼돈混沌 사이에서, 한편으로는 반복되는 작용과 반작용으로, 또 다른 한편으로는 밝음과 어둠과 시간이 내뿜고 있는 에너지들을 혼돈混沌이 흡수하고 발산하면서, 혼돈混沌에는 어떤 규칙적인 역易이 생기었다.

말하자면 어둡고 무거우며 정靜적인 속성을 내포한 부분과 밝고 가벼우며 동動적인 속성屬性을 내포하고 있는 부분으로 나누어지기도 하면서, 한편으로는 본래대로 합하기 위해 서로의 꼬리를 쉼 없이 탐하며 떨어지지 않으려 움직이니, 이들 2개의 거대한 에너지 존재를 일러 음陰과 양陽이라 이른다.

혼돈混沌에서 분열한 음과 양의 영역에서, 상대적으로 먼저 움직이고 활발하며 가벼운 기氣와 바탕, 그리고 더디고 무거우며 활발하지 않은 기氣와 바탕들이, 서로 안정하지 못하여 서로 급격하게 뭉치려 하고, 또 뭉치는가 하면 서로 밀쳐냄을 반복하여 나서고 다투고 숨기를 계속하니, 결국 음양은 흩어졌다가 다시 모이며 하나로 된 듯하는 과정을 순환하며 역易하게 되는 것이다. 결국 밝음과 어둠과 시간과 혼돈이 서로 작용하고 반작용하여, 그 인과因果가 생겨 드러나게 된 것이 주체할 수 없는 거대한 에너지 덩어리로서의 음과 양인 것이다.

일련의 작용과 반작용이 순환하며 반복하는 동안 질서가 생겨나, 혼돈은 음과 양으로 분열되었으나, 채 나누어지지 않은 부분들도 적지 않았으니, 양陽 중에 음陰이 있고 음陰 중에 양陽이 존재하게 되었다. 이는 곧 혼돈混沌이 모두 사라진 것이 아님을 의미하고 있는 것이다.

어쨌든 음과 양 이후, 분열하여 존재하게 되는 모든 것도 이 법칙에 의해 생겨나지 아니 한 것이 없다 할 것이다.

③ 제3법칙- 부모자식父母子息 상존常存의 법칙

더욱이 결코 망각하거나 착각하지 말아야 할 것은, 무엇인가가 어떤 상태에서 어떤 조건들이 만족하여 분열하고 분화하는 존재가 생겨났다고 해서, 모태母胎는 물론 모태母胎의 본질이나 입태入胎한 종자種字가 사라지는 것이 결코 아니라는 것이다. 이는 가장 근본적이고 참된 이치理致로 삼아야 하는 것이니, 음양오행이나 명리학을 구학求學함에 결코 내려놓는 일이 있어서는 아니 될 것이다.

말하자면 태초에 혼돈이 음양으로 갈렸다 해서 혼돈이 어느 순간 없어지고 음양만이 남아 있고, 다시 음양에서 4행으로 분열되었다 해서 음양이 갑자기 사라지고 4행만이 덩그러니 남았다 할수 없다. 비록 피할 수 없는 어떤 존재감 내지 현실적 존재의 이유로 1개 행行이 4행行에 얼렁뚱땅 보태어 져서 5행五行이라 할 수밖에 없었다고 하더라도, 그래서 그 오행五行이 다시 분화하고 분열하여 10간干이 되었다고 해도 그 오행五行이 사라지고 10간干만이 남아 있는 것은 결코 아니다. 비록 주어진 환경과 여건에 따라 분열하여 독특한 특성을 품게 되면서 변화하는 존재일 수밖에 없었다 하더라도 그렇다고 모두 분화되어 버리는 것은 아니라고 보는 것이 타당하다. 이 이치는 설령 경쟁이나 투쟁의 경우에도 다르지 아니하다.

마치 어미와 아비가 만나 이런 저런 과정과 여건이 합치하여 사랑을 하게 되고 그래서 다시 임의의 어떤 조건에서 자식을 잉태시켜 그 자식에게 부모의 유전자를 물려주어 전혀 새로운 사람으로 세상에 태어나게 하는 것이 응당 부인할 수 없는 사실이고 과정이지만 그렇다고 부모가 당장 죽어 없어지는 것이 아닌 것처럼 말이다.

그렇다면 지금도 응당 혼돈混沌이 존재하며 음양과 오행은 물론이고 더 분열하여 변화할 수 없는 존재들조차도 모두 다 함께 존재하고 있다는 것은 너무나 당연한 진실真実이고 진리真理이다.

④ 제4법칙- 극克과 충沖 그리고 분열分裂의 법칙

혼돈이 '부모자식 상존의 법칙'을 따르면서, 만약 그런 분화 내지 분열의 형태와 과정이 무수하게 반복되어, 더 이상 분화分化될 수 없고 분열分裂될 수 없는 어떤 개체로 남을 때까지 분열分裂이 발생할 수 있다면, 어떻게 그런 과정이 가능한 것일까?

이 의문에 대한 도솔명리학의 논지와 입장은 명확하다. 분열分裂은 존재하고 있는 것에서 생기는 것인데, 가령 그 존재가 무엇이든 또 다른 존재에 의해 지배되면서 극克과 충沖을 받을 때 분열이 일어나는 것이다. 말하자면 존재들 간의 작용과 반작용으로 인해 각기 저장하고 있는 에너지와 힘들이 부딪힐 때, 어느 쪽에서든 분열이란 것이 생겨나게 되어 있다. 그러나 한편으로 분열이 생겨남으로써 결합도 생겨나는 것이니, 이것이 삼라만상이 존재하고 있는 이치이다.

예컨대 정과 망치로 돌을 부수고 조각하고, 칼과 톱으로 나무를 자르는 이치는 물론이고 전쟁이나 전투에서 승패가 갈리는 이치나 국가와 국가 그리고 세력과 세력이 부딪혀 한 쪽이 사분오열四分五裂되어 결국 사라질 때도 그 이치가 다르지 아니하다. 나아가 그 이치가 사주명식을 감명할 때도 다르지 아니하다. 물론 분열된 것들은 또 다시 전혀 새로운 물건들로 만들어지는 것이다.

극과 충은 작용하고 반작용 하는 것에서 생기는 것이다. 그러면 무엇이 왜 작용하고 반작용하는 것일까? 첫째 에너지의 원천이 다르고, 둘째 그 원천에서 비롯된 힘이 시간에 따라 다가서고 물러서는 작용을 다르게 행사하기 때문이다. 그럼 왜 힘과 에너지의 원천이 다르고 작용하는 힘이 다르다는 것일까?

먼저 에너지가 생겨나고 저장되고 발산되는 과정을 간략하게 살펴볼 필요가 있다. 시간의 흐름에 따른 밝음과 어둠은 혼돈混沌에 온갖 에너지를 제공하고, 이들 에너지들은 혼돈混沌 속의 혼재하고 뒤섞여 있는 삼라만상 각각의 무한한 존재들에게 스며들고 저장하게 되니 힘이 생기고 일깨워지고 움직이게 되었다. 그 존재들은 시간과 밝음과 어둠에 의하여 에너지가 채워지는 한편, 그들의 지배를 받기 때문에 저장되는 에너지에도 변화를 피할 수 없다. 결국 혼돈의 내부에서 스스로 생겨난 에너지의 변화, 그 변화에 따른 힘의 작용들도 변하게 되니, 따라서 극과 충이 생겨나 에너지와 힘들이 부딪히며 흩어지기도 하고, 달리 시간이 역易하면 합合과 화化가 생겨나 에너지와 힘들이 거대하게 뭉쳐지기도 하는 것이다.

이런 과정에서 어떤 특성과 속성들이 생겨 음과 양이 되고, 나아가 오행과 십간이 그리고 궁극에 이르러 분자와 원자 전자 양성자에 이어, 쿼크니 렙톤이니 힉스입자이니 하면서 입자론粒子論까지 세상에 드러나 나오게 된 것이다. 물론 이들 미립자조차도 에너지를 갖고 있고, 이들 에너지는 온 우주의 에너지 원源인 밝음과 어둠과 시간이 자신들을 나투어 부여한 것이다.

에너지가 어떤 의미로든 축적되고 저장된 것이라면 힘은 그 에너지를 행사하는 것이다. 따라서 저장되는 에너지가 서로 다른 것이라면 각기 힘의 작용도 응당 다른 것이다. 더욱이 시간에 따라 다가서고 물러서는 시간이 다르다면, 일러 말할 것이 없이 힘과 에너지들은 극克과 충沖, 합合과 화化가 생겨나는 것이고, 또 시간에 따라 그 반대의 경우들도 생겨날 것이다. 만약 이들 에너지와 힘들이 5가지 10가지 자꾸 분열하면서 배倍 단위로 분열이 늘어난다면 가히 어떤 조화들을 부리게 될지 도대체가 불가사의不可思議하다.

그러면 다시 본 질문으로 돌아와 이들 에너지는 왜, 어떻게, 그 원천과 힘의 작용이 서로 다르게 생겨나는 것일까? 그것은 지구라는 혹성이 가지고 있는 특성 때문이다. 이 특성 때문에, 단언컨대, 사람들이 온갖 종족을 이루게 되고 또 모든 문화와 모든 학문들이 생겨난 것도 이들 특성 때문이다. 이 모두를 논리로 풀어낼 수 있을 것으로 여겨지지만 여기서는 아닌 것 같아 다음 기회로 미루기로 한다.

다만 이 같은 기본적인 질문에 충실한 논지로 답변해보는 것만으로도, 음양오행 십간론을 바탕으로 하는 명리학과, 동양학으로 분류되는 갖가지 이론과 논지들에 대한 탄생과 배경은 물론이고 원천적인 근간과 논지의 신빙성 여부를 찾는 데 극적인 도움이 될 것이다.

예컨대, 지구라는 혹성은 둥글고 23.5도 기울어진 축을 중심으로 하루에 한 번 자전을 한다. 무엇을 기준으로 한다는 조건이 학술적으로 따르긴 하지만, 보편적으로 알려진 지식과 사실에 새로운 관점과 개념 그리고 논지를 보태어 진실眞實과 그 이치理致를 살펴보자. 이곳 혹성에서의 밝음은 지구의 자전운동으로 수평으로 찾아오고 동서東西라는 방향을 가진다. 밝음이 오지 않는 곳은 어김없이 어둠이 스며드는데 이 어둠은 수직으로 다가오며 남북南北이라는 방향을 가지고 있다. 이 논지에 의심이 가는 자들이 있어 왈가왈부 하려 든다면, 아침에 먼동이 어떻게 트며 저녁에 어둠이 노을을 어떻게 삼키는가를 자세히 살펴 깨닫기를 바란다.

단언컨대, 동양학에서 언급되고 있는 모든 동서남북에 오행을 배치하고 그것을 궁구하여 공부하는 것이, 명리학命理学이든, 풍수학風水学이든, 점占을 다루는 역학易学이든, 그 무엇을 막론하고 이 기준에서 어긋나면 모두가 허위虛僞이다. 아울러 시간(Time)을 고려하지 않는다면 그 모두 엉터리일 뿐이다.

결국 이 혹성(지구)이 중심이 되어 동서남북이 생긴 것이다. 이 동서남북에서 이 혹성(지구)으로 작용하고 있는 밝음과 어둠 그리고 시간이 이 혹성에 작용하면서 갖가지 에너지가 생겨나고 력力이라고 불리는 모든 힘이 반작용이자 또 하나의 작용으로 우후죽순처럼 삼라만상에 생겨난 것이다. 따라서 만유인력이라는 것도 태초太初의 혼돈混沌에서가 아니라 삼라만상이 존재하면서 생겨난 것임을 알지 못하는 것이, 지금처럼 서양의 물리학이 거시물리학이니 미시물리학이니 하면서 제 스스로 모순에 빠져있게 하는 또 하나의 절대적 이유이다.

아무튼 지나간 것이 남긴 에너지와 힘, 그리고 지금 작용하여 남기고 있는 에너지와 힘, 또 시시각각 변하며 다가와서 남기게 될 에너지와 힘, 이들은 서로 충沖이든 극克이든 합合이든 화化이든 조화를 부리지 않을 수 없는 것이다. 이것이 진정한 음양오행과 십간 그리고 역易의 존재 이치이고 의미이다. 따라서 이 이치理致 안에서, 늘 하나였던 존재가 분열을 조장하거나 스스로 분열하여 둘 이상으로 쪼개어지는 동시에, 다음에 설명하게 될 수용收容과 합合 그리고 합성(合成, 合化)의 법칙도 존재하고 있는 것이고, 또 시간에 따라 변화막측変化莫測한 온갖 삼라만상이 존재하지만, 그들이 에너지와 힘에 의해 나고 그치고 사라지는 생사멸生死滅의 이치와 법칙은 피할 수 없는 것이다.

⑤ 제5법칙- 수용收容과 합合 그리고 합성合成의 법칙

가령 극과 충 그리고 분열의 법칙을 작용의 법칙이라 한다면, 혼돈混沌은 이 작용의 법칙만을 따르는 것이 아니라, 이 작용에 대한 반작용으로 정반대의 수용과 합 그리고 합성의 법칙도 따르고 있는 것이 이치이다. 말하자면 혼돈이 극克과 충沖으로 마지막까지, 즉 입자론에 언급되고 있는 존재들에까지 분열해 간다는 것은, 한편으로 끼리끼리 뭉치게 하는 것이기도 하여 서로 합하기도 하고, 또 이들 합合을 통하여 새로운 특성을 갖는 존재로 합화合化 내지 합성合成되어 거듭나기도 하는 것이 당연한 일이라고 할 수 있다. 이를 수용과 합 그리고 합성의 법칙이라 이른다.

이 부분의 설명은 앞의 제 4법칙인 '극克과 충沖 그리고 분열分裂의 법칙'에 준하므로 생략하기로 한다.

⑥ 제6법칙- 회귀回歸와 공존共存의 법칙

비록 혼돈이 분열을 반복해 나가는 한편, 반대로 합하고 합성되기도 하는 그런 상황이나 형태를 추측하거나 상상하는 것은 그다지 어렵지 않다. 여기서 회귀回歸라 함은 어떤 존재가 어떤 이유와 에너지 내지 힘의 역학관계가 작용하여 분열되었다가 그 이유와 역학관계가 소멸되어 본래대로 복원되거나 또는 그런 과정을 말한다. 또 공존共存이라 함은 분열된 어떤 분열체分裂体가 분열작용의 이유理由가 사라진 뒤에도, 어떤 이유로든 에너지와 힘의 균형을 갖지 못하여 분열되기 전으로 회귀하지 못하게 되었거나, 달리 다른 분열체分裂体와 합合이 되어 또 다른 존재로 남아있게 되었거나, 또는 본래의 존재대로 복원되었거나 간에 그들이 모두 함께 같은 시간대에 존재하고 있음을 의미한다.

그렇다면 눈으로 볼 수 있든 없든, 분열한 존재이든 아니면 분열하지 못한 존재이든, 달리 회귀回歸를 하고 있든 아니든, 하여튼 여러 상태와 여러 종류의 에너지와 힘을 갖고 있는 수많은 존재들이, 지금도 제각각 또는 상호간에 동질 혹은 이질적인 에너지이든 간에, 힘을 발산하며 당기고 밀며 합合하고 극克하며 충하고 있는 상황이 계속되고 있다는 것은, 그야말로 태초의 혼돈混沌의 모습과 상태가 다르지 아니하다. 따라서 끝없이 분열하고 있으면서도 다시 합체를 이루는 무수한 존재들이 상호 존재하고 있으니, 태초의 모습부터 지금의 모습이 혼재하여 서로를 닮고 있으니 참으로 교묘하다.

사실, 고인古人이 태초에 혼돈混沌이 어쩌고저쩌고 하여 음이라 하고 어쩌고저쩌고 하여 양이라 하여 나누어지고 어쩌고저쩌고 하는 논지를 설하고 있으나. 이는 동양학적 철학의 논리를 서술하기 위해 태초太初라는 말을 내세워, 그때의 상황이 나중에 삼라만상을 만들어 낼 존재들이 온통 뒤섞여 있는 것으로 가정假定하고 추측推測하여 혼돈混沌이라는 단어로 표현했을 뿐이라 해도 부정하기 힘들다.

어찌되었든, 삼라만상이 생겨나기 전의 상태를 혼돈混沌이라 하든, 아니면 다른 무엇이라 하든, 하여튼 어떤 생각이나 관념 또는 망상妄想이 만들어 낸 허상虛像과 가설假說에 지나지 않는다 할지라도, 이 문제를 해결해보려는 논지에 빠져드는 우愚는 범하고 싶지 않다. 왜냐하면 어차피 가설이고 추측이고 허상일 뿐이기 때문이다.

세상에 존재하는 모든 학문이라는 것이, 서양의 문화와 문명의 모든 배경이자 기초라 할 수 있는 소위 기독교의 성경(Bible)조차도 가설과 추측 허상에서 시작하고 있는 것을 감안하고 본다면, 동양 서양이라는 지역적 논리를 떠나 어차피 현재를 잘 살펴 과거의 인과因果를 성찰하는 한편, 미래를 유추하여 준비해보자는 목적에 근본적인 취지와 중요성들이 존재한다 할 것이기 때문에 더욱 그러하다.

요약하자면 음양오행의 논지나 작용이니 반작용이니 또는 합이니 극이니 하는 따위로 설명하고 있는 이치理致들은, 수많은 세월을 거쳐 수많은 고인들이 인용하였던바, 부분적으로 상당히 검증된 것으로 여겨지기도 한다. 그러나 다만 혼돈混沌의 개념이 동양 철학이나 명리학설의 시작점에 출발하고 있으므로 그 허실을 살피고 선을 그어 논지의 경계警戒로 삼지 않을 수 없다.

본론으로 돌아와, 부모자식 상존常存이라는 법칙의 연장선상延長線上에서만 생각해보더라도, 분열과 회귀 그리고 혼돈이라는 상황들은, 과거와 현재 그리고 미래에 이르기까지 어느 시간대를 공유하며 존재하고 있다 하더라도, 결국 생사멸의 과정에 있는 삼라만상이라면 피할 수 없는 현실인 셈이다. 말하자면 삼라만상이 우선은 별개의 개체로 자신의 영역과 특성을 가지고 있음이 분명해 언제까지나 존재할 것처럼 보이기도 하지만, 사실 존재하는 모든 것은 분열과 회귀回歸를 다투며 존재하고 있는 것이며, 따라서 혼돈混沌도 늘 함께 공존共存하고 있음을 모르는 이들이 많다.

가령 비유하건대 우리의 몸을 이루고 있는 무수한 세포들이 매

순간에도 생겨나는 한편 죽어서 때(각질)로 배출되어 사라지지만, 어린이는 몸집이 커지고 고운 피부를 자랑하며 성장한다. 그러나 어느 시점이 되면 몸집이 작아지고 피부는 주름지며 탄력을 잃고 거칠어지며 늙고 병들고 죽음을 피할 수 없게 되지만, 그 죽음의 순간까지 몸을 이루고 있는 세포는 생사멸을 계속하며 공존하고 있다. 종국에는 영과 혼이 완전히 떠나 육신의 한 세포조차도 썩고 흩어져 본래로 돌아가 자연이 되는 것과 같다.

따라서 비록 삼라만상이 모두 다 서로 다르다 할지라도, 분열하고 회귀하며 늘 혼돈과 함께 하고 있는 그 이치가 서로 다르지 아니하므로, 지금 이 순간에도 이 혹성에서 밝음과 어둠과 시간이 조화造化를 부리고 있는 한, 생겨나고 그치고 사라져가는 생사멸生死滅의 과정에 공존共存하고 있는 삼라만상들은 헤아릴 수 없다.

⑦ 제7법칙- 생사멸生死滅의 법칙

삼라만상이 생겨나고 죽고 자연으로 흩어져 사라져 가는 것임을 모르는 이는 없을 것이기도 하고, 앞서 적잖은 부분에서 설명을 해오기도 하였기 때문에, 따로 이 법칙을 장광長広하게 설명할 일은 없을 것이다. 그러나 명리학을 구성함에 중요한 이치를 담고 있으므로 그 요지와 개념은 정리해둘 필요가 있을 것이다.

생각하건대, 음양에서 오행으로 그리고 십간으로 그리고 분열하고 그리고 또 분열하여……. 그래서 더 이상 분화되거나 분열될 수 없는 존재들에 이르기까지 무수하게 생성된 헤아릴 수 없는 그 모든 존재들은, 빛과 어둠과 시간으로부터, 그들 자신이 존재하고 있는 시점까지 제각각에 특화된 어떤 에너지들을 얻어 축적하기도 하고 달리 발산하기도 하였을 것이다.

그들이 왜 끝없이 분열하고 있으면서 또 결합하려 하는지는 정확히 알 수 없다. 그러나 다만 이 세상에 존재하고 있는 것들이라면 그 모든 유명이든 무명의 존재들은 영원한 안정과 평화, 그리고 이들 안정과 평화가 가져다 줄 영원하고 무한할 것 같은 즐거움을 얻고자 하는 숙명을 갖고 있는 것이 아닐까 추측될 뿐이다.

그렇다면 광대무변한 우주 자체가 무한히 큰 생명체로서, 유명무명의 무한한 삼라만상이 각기 어떤 의미로든 생사멸生死滅을 겪어 가는 개체들로 구성된 집합체라 할 수 있겠다. 그런데도 우주가 영원永遠하다 할 수 있는 것은, 무엇보다 이들 삼라만상의 생사멸 과정이 끝없이 반복되어 진행되고 있는 이치 때문만이 아니라, 아득한 과거에서부터 그 끝을 알 수 없는 미래에까지 지배하고 있고 존재하고 있을 시간의 흐름이 영속永続될 것이기 때문이다. 물론 그 시간과 함께 밝음과 어둠 또한 끝없이 존재할 것이며, 따라서 생사멸의 과정에 있는 무한한 개체들 또한 어디선가에서 무한하게 윤회하며 진화해 갈 것이기 때문에 광대무변한 우주는 거의 영원에 가까울 만큼 계속 존재할 것이다.

가령, 우주에 담겨진 모든 제각각의 존재들은, 자신들만의 주어진 환경과 여건과 공간에 특화된 에너지들을 우주와 시간으로부터 공급받으면서, 영원한 안정安定을 가지기 위해서, 때로는 분열을 거듭하며, 때로는 무수히 견제하고 밀어내고 다투고 경쟁하다, 때로는 어느새 서로 또는 여럿이 함께 결합結合하고 합화合化하면서 새로운 존재들로 무수하게 탄생될 수도 있는 것이다.

그리고 때로는 밝음과 어둠 그리고 시간의 변화에 따라 변화하는 에너지(오행과 십간)들의 공급을 받지 못하게 되면서, 봉인된 인연의 정보와 생사멸의 법칙에 따라, 그들의 형체는 유지되지 못하고 무너지며, 나아가 결국 형체를 구성하고 있던 모든 존재들마저도 제각각 흩어져, 처음 속했던 우주宇宙 속으로 안기면서 소멸되어 갈 것이다. 이 가운데 신神과 영靈이 깃들어 존재하였으면 생명을 지녔을 것이고, 그러지 않다면 그저 물상으로 존재하다 흩어질 것이다. 이 것이 삼라만상의 생사멸生死滅하는 이치理致이자 법칙이다.

⑧ 제8법칙- 윤회輪回의 법칙

위 생사멸生死滅의 법칙에는 어떠한 예외도 존재하지 않는데, 이는 설사 사람이나 기타 어떤 조물주들이 존재한다 하더라도, 또 그들이 만든 그 어떠한 것이 존재한다 해도 결국 음양오행으로 구성됨을 벗어나지 못한다면, 그리고 시간의 종속에서 벗어나지 못한다면, 이 생사멸生死滅의 법칙에서 결코 벗어날 수 없다는 말이다.

다만 한 가지, 유명有名이든 무명無名이든, 그들이 존재하며 저장한 인연因緣의 정보와 지워지지 않는 인과因果의 흔적痕迹을 특정한 시간대에, 이 혹성과 공존하고 있는 어떤 임의의 차원에 있는 공간계에 사진처럼 동영상처럼 남아 있다가, 시간과 인연과 조건에 따라, 정보와 흔적을 저장하고 있던 공간계가 삼라만상의 공간계에 다시 작용하여, 다시 모이고 흩어지는 생사멸의 고통을 반복反復해 겪으면서 삼라만상의 온갖 세계를 윤회輪回하고 있는 것으로 여겨진다.

가령 태양과 태양으로 인해 밝음과 어둠이 갈리며 시작되고 끝나는 이 지구상의 하루를 태양을 중심 개념으로 하여 예로 들어보자. 우선 밤이 되었다고 태양이 없어진 것이 아니다. 모두가 알고 있는 지식이자 사실 가운데 하나이다. 그런데 우리가 알고 있다고 하는 태양에 관한 지식이라는 것들이, 과연 어떤 것인가 하고 조금만 물러나 살펴보노라면, 과학자들이 장족의 발전을 거듭한 망원경으로 태양을 살펴본 현상現象들에, 지상에 존재하는 이런저런 식견들을 다 모아, 가상과 가설로 시작하여 유추하면서 재생산再生産해 낸 것이 전부일지도 모른다. 이러한 주장의 논지에 과연 누가 뭐라고 토를 달 수 있을까? 현대 과학의 시작과 발전의 과정을 알면 알수록 토吐를 달기 어려울 것이다.

그러면서도 마치 태양을 현미경으로 들여다보고, 온갖 방법과 조건 기타 약품들로 실험하고 분석하고, 직접 인공태양을 만들어 낼 수도 있듯이 말들을 흘리며, 태양에 대한 온갖 정의定義들을 쏟아내면서 단정하고 규정하고 있다. 그러나 그들의 주장과 논지들 가운데 적지 않은 부분이, 사실 쿨(Cool)하게 살펴보면, 코에 걸면 코걸이 귀에 걸면 귀걸이 식의 추론된 논리이다.

말하자면 사실적으로 태양 속으로 들어가, 무엇이 어떻게 존재하고 작용하고 반작용하는 것이며, 또 그 엄청난 에너지를 품고 생산하고 있으면서도, 왜 폭발해 우주 속으로 사라지지 않는 것인지, 어떻게 수백억 년인지 수천억 년인지 알지도 못 하는 세월 동안 그리 존재하고 있는 것인지, 사실 그 모든 진실真実을 그 누구도 명확하게 알지 못하고 있다는 것이 아이러니하게도 진실眞実이다.

그럼에도 태양이 폭발하지 않고 존재하며 또 하루하루를 끊임없이 반복해 만들어 내고 있는 것은, 다음에 설명하게 될 팽창 수축의 법칙과 함께, 생사멸의 법칙 그리고 윤회의 법칙이 늘 상존常存하면서 작용하고 있기 때문이다. 여기서 존재함이라 하는 것은 음양오행에 기인한 것임을 말하는 것이니, 결국 광대무변과 영원을 대변하는 우주와 닮아 있다 하겠다.

태양이 하루하루를 윤회와 반복을 통해 만들어 내는 것처럼 이들 윤회와 반복의 법칙은 명리학에서의 60갑자 대운 소운 따위의 시간적 흐름에 대한 논지와 삼라만상의 생사멸에 대한 논지에도 단초와 근거를 제공하게 될 것으로 기대한다.

⑨ 제9법칙- 팽창과 수축의 법칙

팽창과 수축의 법칙을 논지하기 위해서는 혼돈混沌을 조금 더 쿨(Cool)하게 들여다보고 발상發想의 관점観点을 조금 다르게 하여 고찰할 필요가 있다.

가령 태초의 혼돈에서 음양오행 십간으로 분열을 시작하여 그야말로 수없는 분열을 계속 하는 한편, 어떤 조건이 부여되는 어떤 상황에서는 그 분열된 존재들이 서로 결합을 이루기도 하면서 역으로 분열하는 것을 방해하는 것도 추측할 수 있다. 그러나 새로운 작용들과 반작용이 생겨나면서 분열과 결합의 양상들도 변화를 겪게 되고 따라서 전혀 새로운 존재들이 그들만의 속성과 바탕을 견지하며 수많은 존재물들로 생겨나게 되는 것과는 별도로, 어느 시점의 궁극에 이르러서는 더 이상 분열되거나 분화될 수 없는 존재들로 남을 때까지 분열작용도 멈추지 않았을 것이라고 가정해 보자.

판단하건대 더 이상 분열되거나 분화될 수 없는 존재들로서의 이들은 다름 아닌 바로 천상천하의 삼라만상森羅万象을 구성하게 할 수 있는 어떤 힘이 존재하는 영역을 가진 최초의 입자들일 것이며, 아울러 외부의 어떠한 힘도 작용할 수 없는 배타적인 영역과 힘을 가지고 있을 것이다. 그러나 반대로 그들은 더 이상 분화되지도 따라서 분열하지도 않는다고 할 수 있지만, 달리 어떤 조건만 충족되어 지면 그들 간에는 물론 상위上位의 그 어떤 존재물과도 작용할 수 있다는 것이고 나아가 쉬이 자신의 특성을 내던지고 상대에게 취합해 스스로 변하거나 합성合成되어 궁극에는 무엇인가를 만들어 내고 창조하는 존재이기도 할 것이다.

말하자면 이들은, 이들의 이름을 무엇으로 하든, 가령 서양의 물리학에서 그 존재를 일러 소위 어떤 '극세미립자極細微粒子들'이라 하는데, 혼란을 줄이기 위해 도솔명리학에서도 알려진바 그대로 그 존재들의 명칭과 특성을 인용하기로 한다. 다만 도솔명리학에서는 음양오행 십간 십이지지론에서 출발하여 현대물리학의 기본 입자이론에 논지들이 다다르고 있다는 것이 굳이 다르다면 다르다 할 수 있겠다.

이른바 기본미립자 이론을 도솔명리학적 관점으로 단순하게 고찰해본다면, 극세미립자들이라 불리는 것들에도 어떤 속성이나 바탕이 존재하고 있다는 것이고, 따라서 어떤 의미로든 그들이 스스로 가지고 있거나 아니면 그들을 둘러싸고 있거나 간에, 그리고 고도의 현미경으로도 보기 힘들 만큼의 극세미립자들이라 해도, 그들 각기 어떤 불가사의한 에너지와 어떤 작용력이 결합하여 존재하고 있다는 것으로 도솔명리학에서 설명하고자 하는 음양오행 십간론적 개념과 다르지 않다.

따라서 물질을 구성하고 있다는 기본입자설이, 세계적으로 유명하다고 하는 현대의 과학자들이 수백 명씩 모여 함께 연구하고 논지하여 표준화된 학설임을 감안한다면, 제대로 된 학문으로서의 새롭고 현실적인 명리학설을 공부하고자 하는 사람이라면 이들 극세미립자들이 무엇인지 반드시 알아둘 필요가 있다.

간략하게 정의해 보면, 이 극세미립자들은 '쿼크'라고 하는 것의 6개 미립자와 '렙톤'이라고 하는 것의 6개 미립자를 합하여 12개 기본미립자들이 존재하고, 여기에 힘을 전달하는 입자 4개, 만물에 질량을 부여하는 스칼라 입자로 '힉스입자'를 가정하여 총 17개 입자로 온 우주만물의 물질이 구성되고 만들어졌다고 논지하고 있다. 그런데 이 힉스입자는 힉스라는 사람에 의해 가설로 만들어둔 입자로서, 신神의 입자라고도 불리고 있었지만, 최근에 전 세계 수많은 과학자들이 참여하여 수천 킬로미터의 원형가속기를 만들고 이를 통해 힉스입자로 추정되는 입자를 실험에서 만들어내어 그 존재를 밝혀냈다고 한다. 사실인지 아닌지 진실은 알 수 없다. 과학계도 거짓말이 적잖이 난무하는 곳이니까 말이다.

어찌되었든 이 극세미립자들은 물질의 분자론에서 원자론이, 원자론에서 양성자 중성자이론이, 이들 양성자 중성자에서 쿼크와

글루온이라는 미립자이론을 통해 드러난 존재들임을 생각해보면, 이들 17개의 미립자들은 인간이 물질을 더 이상 쪼갤 수 없는 부분까지 쪼개어 더 이상 어떤 구조를 가지고 있지 않은 것으로 결론내린 존재들인 모양이다. 역으로 말하자면 인간이 더 이상 분열시킬 수 없는 이들 존재들을 이용하면 광대무변한 우주라도 창조할 수 있다는 의미이고, 사실 현실은 사람이 신의 영역이라 불리는 선을 훨씬 넘어선 그런 모양새다. 우스운 것은 그 모든 것이 그들 스스로 설정하고 그어 놓은 것들이라는 것이지만 말이다.

정리하자면 분열을 통해 팽창하다 보니 우주의 빙뱅설이 나온 것이라 할 수 있지만, 역으로 온 우주를 압축할 수 있는 소위 블랙홀이 있어야 그 빅뱅이 가능하다는 말이기도 하다. 그러나 이들은 언제나 일방적인 흐름을 가진 힘의 논리만을 고집하고 있기 때문에 그런 모순 속에 빠져 모순을 해결해 줄 블랙홀을 찾아 온 우주를 헤집고 있는 우를 범하고 있다.

굳이 비교해보자면 동양학에서 말하는 혼돈이라는 개념을 가진 것으로 추정하고 있는 존재가, 현대의 수많은 과학자들의 입장에서 보면 우주의 블랙홀인 셈이다. 그러나 도솔이 새롭게 추구하고 있는 명리학적 논지에서 보면 우주의 빅뱅은 아직 일어나지 않았고 앞으로도 결코 일어나지 않을 것이다.

왜냐하면 도솔명리학적 입장에서 보면 팽창과 압축은 언제나 함께 존재하고 있기 때문이다. 앞서 논지하였다 시피 혼돈에서 음양으로 갈린 거대한 에너지 덩어리조차도 서로 분열됨과 동시에 서로 합해지려고 그 꼬리를 놓지 아니하고 물고 있고, 이후 음양에서

4행과 1계행(장행)이 분열되어 생겨나고 오행에서 십간이 분열하고 나아가 또 다른 분열이 생겨나지만, 분열되고 생겨난 이들은 한편으로 언제나 다시 회귀하려 하고 있기도 해서, 앞서 회귀와 공존의 법칙을 따르고 있는 것이다.

따라서 어느 시점에 이르러서는 균형을 이루어 영속할 것이기 때문에, 태초의 혼돈이 지금의 삼라만상이 생사멸을 통해 윤회하고 있는 이 순간에도 함께 존재하고 있는 것이다. 태양이 그 긴 세월 그 자리에서 변함없이 존재하고 있는 이유도 압축과 팽창을 동시에 계속하고 있기 때문이다. 누가 이 논지는 부당하고 엉터리라고 감히 단언할 수 있을까? 아마 어떤 의미로든 공부를 많이 한 사람일수록 그런 단언은 결코 할 수 없을 것이다.

달리 말해보자면 등불이든 전깃불이든 그 불은 기름이든 전기이든 어떤 조건들에서 필요한 에너지를 공급받고 있는 한 꺼지지 않는 것처럼, 만약 도솔명리학에서 '태양이 에너지를 발산만 하는 것이 아니라, 불가사의한 암흑의 우주로부터 우리 인간들이 아직은 알 수 없는 통로를 통해 끝없이 불가사의한 원천적 에너지를 공급받기 때문에 언제까지나 영속할 것이다.' 라고 주장한다 하더라도, 어느 누구든지 틀린 논지라고 말할 수 없다. 왜냐하면 이 논지를 현재로서는 증명하지 못하겠지만 그렇다고 반대로 이 논지가 부당하고 틀렸다고 증명하지도 못할 것이기 때문이다. 따라서 태양이 소멸될 것을 우려할 필요는 없을 것이다.

⑩ 제10법칙- 균형의 연속법칙

그럼 광대무변한 우주에도 수명이 있을까? 없다고 할 수 없고 있다고 할 수도 없다. 왜냐하면 균형의 연속법칙이 존재하고 있기 때문이다. 말하자면 팽창 수축의 법칙이 분열로 팽창하며 인연의 정보에 따라 합화合化하면서 생명生命을 갖게 하고, 또 수축으로는 회귀하며 이산離散하고 사멸死滅하게 하는 작용을 인연의 정보에 따라 계속하는 균형의 작용이라면, 하나의 법칙이라 할 수 있다. 이를 균형의 연속법칙이라 한다면, 이 법칙은 팽창수축의 법칙이 한 순간도 멈추지 않고 인연의 정보에 따라 연속하여 계속되고 있는 법칙인 셈이다.

작게로는 삼라만상의 경계를 짓게 하여 온갖 형상과 특성을 갖게 하며, 게다가 생명生命이 있는 것이라면 성장하게 하고 또 늙고 사멸死滅하는 인연의 정보가 계속될 때까지 함께하는 법칙이기도 하고, 크게로는 이런 생사멸의 과정을 윤회하는 무한한 삼라만상이 또 무한하게 광대무변広大無邊한 우주 속에 존재하게 하는 법칙이기도 하다. 나아가 이 모두를 품고 있는 광대무변広大無邊한 우주가 영속하는 불가사의不可思議한 법칙이기도 하다.

예컨대 사람의 몸이 우주이고 그 몸을 구성하고 있는 피와 살이, 그리고 뼈와 오장육부, 나아가 그 안에 담겨있을 온갖 세포와 온갖 작용의 물질 그리고 작용의 요소들을 포함한 일체의 유명有名 무명無名의 모든 존재들까지, 제각각 또는 연합하거나 결합하여 서로 작용 반작용하면서, 또 헤아릴 수도 없는 무한한 세포와 요소들과 불가사의한 연관을 갖고 서로 품고 구성되어 균형을 이루고 있음으로써 생명이 이어지고 있음이다. 그런즉, 인체를 소우주라고도 하는 것이다. 웅당 온갖 삼라만상森羅万象의 생사멸하는 이치를 극명하게 엿볼 수 있겠다. 이 법칙은 한편으로 현대물리학에서의 에너지 보존의 법칙과 같은 맥락으로 살펴보아도 가능할 것 같다.

(2) 현대물리학의 치명적致命的 오류誤謬

앞서의 여러 논지에서 언급되어 설명한 바와 같이, 과학자들은 17개의 미립자의 세계를 다룬 물리학을 미시微視 물리학이라 하고, 거대한 행성이나 우주계 내지 사람의 눈으로 보이는 대로 관찰되는 일반적인 물리학을 거시巨視 물리학이라고 규정하고 있지만, 아이러니하게도 이들 두 위대한 이론은 서로에게 대하여 가장 중요한 존재의 이치를 상당 부문 설명하지 못하는 모순을 갖고 있다고 그들 스스로 인정하고 있다.

그래서 등장한 것으로 '끈이론'이란 것이 있는데, 아무튼 수많은 과학자들이 수세기를 걸쳐 연구하여 두 가지의 위대한 이론을 확립하고 그래서 두 가지의 위대한 물리학적 진리真理를 찾아내었다고 하였지만, 이 두 부류의 방대한 진리체계真理体系는 서로에게 모순이 되는 존재여서, 결국 그들이 숙명적으로 안고 가며 풀어야 할 치명적인 문제가 된 셈이다.

그런데 참으로 아이러니한 것은, 동양의 고전古典 중 고전古典이
랄 수 있는 명리학을 바탕으로 하고 있는 도솔명리학이 서양의 최
첨단 물리학을 아무런 거리낌 없이 만나고, 또 그들의 논지를 수용
하고 보완해주고, 나아가 그들 논지의 치명적 결함을 제거해 거시
물리학과 미시물리학을 자연스럽게 연결해 주는 논지를 제공해주
고 있다는 사실이다. 이에 대한 설명들은 도솔명리학 전체에서 자
연스럽게 다루고 있기 때문에 현대물리학의 치명적 오류들에 대한
대답들을 도출해 줄 것이고, 나아가 궁극에는 서로에게 새로운 학
문적 세계를 열어 줄 것으로 기대하고 있다.

(3) 현대물리학의 치명적 오류에 대한 도솔명리학의 논지

동양의 음양오행 십간론을 공부하며 진리를 구학求學해온 학인
學人으로서의 식견으로 보자면, 현대 과학자들이 주장하고 있는
입자론粒子論과 우주물리학에서 존재하고 있는 이들 모순은, 삼라
만상이 팽창하고 있으면서 동시에 수축하고 있는 이치를 간과하고
있어서이다. 말하자면 그들은 수축이 일어난 뒤 팽창이 일어나고
팽창 작용이 끝난 후 수축한다는 관념에 사로잡혀 있다는 말이다.

삼라만상은 어떤 변화하는 힘과 특성들에 의하여 안팎이 끊임없
이 변화해 감이 사실이지만, 그 변화의 법칙 아래 삼라만상의 형체
를 이루고 있는 안팎의 경계에서는, 작게로는 지구의 공간과 크게

는 우주의 공간과 맞대어 있으면서, 수축과 팽창이 그들 안의 작용과 반작용에 반응해 끊임없이 변화하며 힘의 균형을 이루고 있기 때문에 형체를 이루어 존재하고 있다.

이렇듯 끊임없이 수축하고 팽창하며 변화하는 일련의 과정을 통해 삼라만상이 존재하고 있음을 보지 못하고 있는 것이니 결국 변화하지 않으면 존재할 수 없는 것이 삼라만상이다. 결국 공간과 변화, 빛과 어둠, 수축과 팽창, 삼라만상과 생사멸 그리고 이들 모두를 안고 이동하고 있는 시간時間의 이치理致가 언제나 상존하고 있음에도 임의의 어떤 순간들을 정해 논지를 시작함으로써 그들 논리의 모순矛盾과 무지無知가 생겨난 것이다.

이러한 치명적인 오류는 기존의 동양철학이나 명리학에서도 다르지 아니한데 다만 전혀 다른 측면에서 발생하고 있다. 말하자면 끊임없는 역易을 설하고 있으면서도 현대의 과학적 이치와 지식을 제대로 수용하지 못하고 있는 공부의 폐쇄성閉鎖性과 자가당착自家撞着에서 기인基因하는 치명적 오류들이라고 할 수 있다.

(4) 결미- 음양 육행론의 10 법칙 마무리

이상의 법칙들이 비록 부분적으로 가설과 논리적 추론이 없지는 않다 하더라도 비추어 판단하건대, 음양오행을 바탕으로 하는 명리학이, 사주팔자로 불리는 여덟 글자의 명식을 세워, 인간과 삼라만상의 관계들을 추론하는 것임을 감안할 때 결코 망각해서 안되는 것이 있다면, 세워진 사주명식과 그 글자 하나하나는 각기 또는 서로 합종合從 연횡連橫하기도 하면서 매 순간 모두 생명을 갖고 살아 움직이고 있다는 것이다. 따라서 사주를 감명함에 있어서는 사주명식을 삶과 에너지의 통로와 문으로 삼아 그 흐름을 살펴야지, 결코 어떤 부분을 통째로 칼로 무 자르듯 잘라내어 구분하거나 또 특정하여 단언하는 것은 가능한 한 삼가야 할 것이다.

그런데 여기서 그 무엇보다 중요하고 명심하고 있어야 할 것은, 생명이 있는 것들이나 없는 것들 그리고 이름이 있든 없든 관계없이, 이상의 법칙들은 삼라만상의 역易과 변화 즉 생사멸과 그 윤회에 대한 논지들이지만, 그 모든 논지의 근간에는 원천적으로 이른바 신神과 영靈이라고 하는 존재가 존재하지 않고서는 그 어떤 것도 무의미하다는 것이다.

四柱
八字

부록2

도솔명리만세력

(1) 도솔명리만세력의 개요槪要

도솔명리만세력은 '도솔명리학'에서 채택하고 있는 월건月建의 입식立式 논지論旨에 따라 구성한 새로운 만세력을 일컫는다. 말하자면 소위 1개월의 절기節氣를 일컬음에 초절기 중절기를 상용하고 있는 바, 일체의 기존 만세력은 초절기를 입월立月 내지 월건月建의 기준으로 삼고 있으나 도솔명리만세력은 중절기를 월건月建의 기준으로 삼고 있다. 참고로 상용되고 있는 초절기 중절기를 나타내자면 아래와 같다.

① **초절기:** 입춘立春 경칩驚蟄 청명淸明 입하立夏 망종芒種 소서小暑 입추立秋 백로白露 한로寒露 입동立冬 동지冬至 소한小寒 등의 12개 절기를 망라하여 칭해지고 있다.

② **중절기:** 우수雨水 춘분春分 곡우穀雨 소만小滿 하지夏至 대서大暑 처서處暑 추분秋分 상강霜降 소설小雪 대설大雪 대한大寒 등의 12개 절기를 망라하여 칭해지고 있다.

이외에, 만세력을 구성하고 있는 방식 자체가 월건月建과 절기節氣를 상단에 표시하면서 이들 월건과 절기를 기준으로 날짜와 정보를 나타내고 있는 기존 만세력과는 정반대의 형식으로, 양력일과 음력일 그리고 그 날의 간지干支를 만세력의 각 월月 상단에 구성하여 배치하고 해당 절기와 월건을 하단에 나타내고 있는 특징이 있다. 구체적인 특징과 구성방법 및 형태의 상세한 설명은 다음의 표제 '2. 도솔명리만세력의 구체적 특징들과 그 설명'에서 요약하여 기술하기로 한다.

(2) 도솔명리만세력의 구체적 특징들과 그 설명

① 첨부의 표들은 임의任意의 연속하는 3개년 1959년 1960년 1961년을 선택하여 도솔명리만세력으로 구성하여 예시하고 있는 '도솔명리학 적용의 샘플 만세력'이다. 이들 표는 양력陽曆 기준의 12개월을 6개월씩 나누어 2개의 페이지에 6개의 표 형식으로 나타내되, 1개의 표表에 1개월씩 배당하여 표시하고 있으며 각 표의 상단에 양력의 월月을 표시하고 있다.

② 1개월 단위로 나타내는 각 표는 첫째 줄에 양력 기준의 해당 월月의 날짜 수에 따라 1에서부터 말일末日까지 날짜를 배정하고 있고, 둘째 줄에 첫째 줄에 나타내고 있는 날짜에 따른 요일을 배당하고 있다.

③ 도솔명리만세력의 각 월표月表 셋째 줄에는 첫째 줄의 양력陽曆 날짜에 해당하는 음력의 날짜를 배정하고 있다.

④ 그리고 도솔명리만세력의 각 월표月表의 넷째 줄에는 첫째 줄

의 양력 날짜에 해당하는 명리학 상의 천간지지(天干地支, 이하 간지라 한다.)의 글자를 기입하고 있다.

⑤ 도솔명리만세력의 각 월표月表의 다섯째 줄에는 명리학 상의 사주팔자를 입식할 때 적용하는 대운의 수를 표시하고 있는데, 이 대운의 수는 도솔명리학에서 논지하고 있는 대운의 설정기준에 의거해 산출算出한 대운의 수를 나타내고 있다. 따라서 남녀의 구분이 없고 대운의 역행 순행을 따지지 않으며 오직 대운의 순행 논지를 따라 산출된 대운의 수를 나타내었다.

⑥ 도솔명리만세력의 각 월표月表의 여섯째 줄에는 도솔명리학에서 논지하고 있는 월건月建 내지 입월立月을 설정하기 위한 24절기의 해당 절입일시節入日時를 한국천문연구원韓國天文硏究院의 자료에 의거해 나타내었다.

⑦ 도솔명리만세력의 각 월표月表의 일곱째 줄에는 사주팔자, 즉 년주年柱 월주月柱 일주日柱 시주時柱 등의 사주四柱 가운데 월주月柱를 설정함에 있어서, 도솔명리학의 논지와 월건月建 취용 방법으로 설정한 월주月柱의 간지干支를 월건月建으로 나타내고 있다.

⑧ 도솔명리만세력의 각 월표月表의 마지막 줄에는 일반적으로 만세력에 필요할 수 있는 동양학에서의 참고 자료들, 즉 당해 연도의 년신살방위年神殺方位, 단기檀紀의 표시, 복伏 등을 나타낼 수 있게 공란空欄을 두었다.

(3) 결미結尾

　이상과 같은 특징과 방식으로 구성하고 있는 만세력의 창작은 도솔명리학에서 채택하고 있는 월건月建의 입식立式 논지論旨에 따른 것이기도 하거니와, 만세력의 구성 방법 자체가 월건月建과 절기節氣를 상단에 표시하면서 이들 월건과 절기를 기준으로 날짜와 정보를 나타내고 있는 기존 만세력과는 정반대의 형식으로 양력과 음력 그리고 그 날의 간지干支를 상단에 구성하여 배치하고 절기와 월건을 하단에 나타내고 있으므로 가히 역발상逆發想이라 할 것이며 획기적이고 새로운 것이라 할 것이다.

　즉 기존의 모든 만세력에서는 월건月建을 만세력의 상위上位에 두고 이 월건月建에 따라 절기와 음력 날짜 그리고 일주日柱 입식을 위한 간지를 나타내 구분하고 있으므로 절입일시나 월건 그리고 날짜의 간지를 찾아 취용함에 적잖은 혼란을 가질 수 있으나, 도솔만세력은 태어난 양력 기준의 날짜와 음력의 날짜를 상위에 두고 이를 중심으로 자연스럽게 아래쪽에 날짜의 간지干支는 물론 절입일시節入日時 월건月建 등을 기술하고 있는 특징이 있으므로, 날짜별로 필요한 정보를 살펴 취용할 수 있고 사주팔자의 입식을 세우거나 대운의 수를 설정하게 되는 경우에도 여하한의 불안감이나 혼란스러움이 없이 해당 정보를 취용할 수 있도록 실전적으로 구성한 만세력이라 하겠다.

(4) 도솔명리만세력 샘플도

1. 도솔명리학의 논지와 도솔명리만세력의 특징들로 구성한 샘플 만세력으로서
   의 1959년도 만세력
2. 도솔명리학의 논지와 도솔명리만세력의 특징들로 구성한 샘플 만세력으로서
   의 1960년도 만세력
3. 도솔명리학의 논지와 도솔명리만세력의 특징들로 구성한 샘플 만세력으로서
   의 1961년도 만세력

첨부 1

1959년도 도솔명리만세력

1959년 (기해년 : 己亥年)

1월

(무술년 동지: 12/22일 17:40부터 / 잔여일시: 9일 6시간 20분)

양력	1	2	3	4	5	6	7	8	9	10	11	12	13	14	15	16	17	18	19	20	21	22	23	24	25	26	27	28	29	30	31
요일	목	금	토	일	월	화	수	목	금	토	일	월	화	수	목	금	토	일	월	화	수	목	금	토	일	월	화	수	목	금	토
음력	22	23	24	25	26	27	28	29	12월1	2	3	4	5	6	7	8	9	10	11	12	13	14	15	16	17	18	19	20	21	22	23
일진	癸未	甲申	乙酉	丙戌	丁亥	戊子	己丑	庚寅	辛卯	壬辰	癸巳	甲午	乙未	丙申	丁酉	戊戌	己亥	庚子	辛丑	壬寅	癸卯	甲辰	乙巳	丙午	丁未	戊申	己酉	庚戌	辛亥	壬子	癸丑
대운	3	4	4	4	5	5	5	6	6	6	7	7	7	8	8	8	9	9	9	0	0	0	1	1	1	2	2	2	3	3	3

- 절기: ~동지~ / 소한(小寒) 절입일시: 양력 1월06일 10:58 / 대한(大寒) 절입일시: 양력 1월21일 04:19
- 월건: 갑자(甲子) 월 / 을축(乙丑) 월

2월

양력	1	2	3	4	5	6	7	8	9	10	11	12	13	14	15	16	17	18	19	20	21	22	23	24	25	26	27	28
요일	일	월	화	수	목	금	토	일	월	화	수	목	금	토	일	월	화	수	목	금	토	일	월	화	수	목	금	토
음력	24	25	26	27	28	29	30	정월1	2	3	4	5	6	7	8	9	10	11	12	13	14	15	16	17	18	19	20	21
일진	甲寅	乙卯	丙辰	丁巳	戊午	己未	庚申	辛酉	壬戌	癸亥	甲子	乙丑	丙寅	丁卯	戊辰	己巳	庚午	辛未	壬申	癸酉	甲戌	乙亥	丙子	丁丑	戊寅	己卯	庚辰	辛巳
대운	4	4	4	5	5	5	6	6	6	7	7	7	8	8	8	9	9	9	0	1	1	1	2	2	2	3	3	3

- 절기: ~대한~ / 입춘(立春) 절입일시: 양력 2월04일 22:42 / 우수(雨水) 절입일시: 양력 2월19일 18:38
- 월건: 을축(乙丑) 월 / 병인(丙寅) 월
- 기타: 무술(戊戌)년 ◀ ... ▶ 도솔명리학 식(式)의 기해(己亥)년 시작

3월

양력	1	2	3	4	5	6	7	8	9	10	11	12	13	14	15	16	17	18	19	20	21	22	23	24	25	26	27	28	29	30	31
요일	일	월	화	수	목	금	토	일	월	화	수	목	금	토	일	월	화	수	목	금	토	일	월	화	수	목	금	토	일	월	화
음력	22	23	24	25	26	27	28	29	2월	2	3	4	5	6	7	8	9	10	11	12	13	14	15	16	17	18	19	20	21	22	23
일진	壬午	癸未	甲申	乙酉	丙戌	丁亥	戊子	己丑	庚寅	辛卯	壬辰	癸巳	甲午	乙未	丙申	丁酉	戊戌	己亥	庚子	辛丑	壬寅	癸卯	甲辰	乙巳	丙午	丁未	戊申	己酉	庚戌	辛亥	壬子
대운	3	3	4	4	5	5	6	6	2	2	3	4	5	6	7	8	8	9	9	0	0	0	1	1	1	1	2	2	3	3	3

- 절기 : ~우수~ / 경칩(驚蟄) 정입절시 : 양력 3월 06일 16:57 / 춘분(春分) 정입절시 : 양력 3월 21일 17:55
- 월건 : 병인(丙寅) 월 / 정묘(丁卯) 월
- 기타 :

4월

양력	1	2	3	4	5	6	7	8	9	10	11	12	13	14	15	16	17	18	19	20	21	22	23	24	25	26	27	28	29	30
요일	수	목	금	토	일	월	화	수	목	금	토	일	월	화	수	목	금	토	일	월	화	수	목	금	토	일	월	화	수	목
음력	24	25	26	27	28	29	30	3월	2	3	4	5	6	7	8	9	10	11	12	13	14	15	16	17	18	19	20	21	22	23
일진	癸丑	甲寅	乙卯	丙辰	丁巳	戊午	己未	庚申	辛酉	壬戌	癸亥	甲子	乙丑	丙寅	丁卯	戊辰	己巳	庚午	辛未	壬申	癸酉	甲戌	乙亥	丙子	丁丑	戊寅	己卯	庚辰	辛巳	壬午
대운	4	4	5	5	6	6	7	2	2	3	4	5	6	7	8	9	9	9	9	0	0	0	1	1	1	2	2	2	3	3

- 절기 : ~춘분~ / 청명(淸明) 정입절시 : 양력 4월 05일 22:03 / 곡우(穀雨) 정입절시 : 양력 4월 21일 05:16
- 월건 : 정묘(丁卯) 월 / 무진(戊辰) 월
- 기타 :

5월

양력	1	2	3	4	5	6	7	8	9	10	11	12	13	14	15	16	17	18	19	20	21	22	23	24	25	26	27	28	29	30	31
요일	금	토	일	월	화	수	목	금	토	일	월	화	수	목	금	토	일	월	화	수	목	금	토	일	월	화	수	목	금	토	일
음력	24	25	26	27	28	29	30	4월	2	3	4	5	6	7	8	9	10	11	12	13	14	15	16	17	18	19	20	21	22	23	24
일진	癸未	甲申	乙酉	丙戌	丁亥	戊子	己丑	庚寅	辛卯	壬辰	癸巳	甲午	乙未	丙申	丁酉	戊戌	己亥	庚子	辛丑	壬寅	癸卯	甲辰	乙巳	丙午	丁未	戊申	己酉	庚戌	辛亥	壬子	癸丑
대운	3	4	4	4	5	5	5	6	6	6	7	7	7	8	8	8	9	9	9	0	0	0	1	1	1	2	2	2	3	3	3
절기			~곡우~		입하(立夏) 절입일시 : 5월 06일 15:39)																	소만(小滿) 절입일시 : 양력 5월 22일 04:42)									
월건	무진(戊辰) 월																					기사(己巳) 월									
기타																															

6월

양력	1	2	3	4	5	6	7	8	9	10	11	12	13	14	15	16	17	18	19	20	21	22	23	24	25	26	27	28	29	30
요일	월	화	수	목	금	토	일	월	화	수	목	금	토	일	월	화	수	목	금	토	일	월	화	수	목	금	토	일	월	화
음력	25	26	27	28	29	5월	2	3	4	5	6	7	8	9	10	11	12	13	14	15	16	17	18	19	20	21	22	23	24	25
일진	甲寅	乙卯	丙辰	丁巳	戊午	己未	庚申	辛酉	壬戌	癸亥	甲子	乙丑	丙寅	丁卯	戊辰	己巳	庚午	辛未	壬申	癸酉	甲戌	乙亥	丙子	丁丑	戊寅	己卯	庚辰	辛巳	壬午	癸未
대운	3	4	4	4	5	5	5	6	6	6	7	7	7	8	8	8	9	9	9	0	0	0	1	1	1	2	2	2	3	3
절기		~소만~				망종(芒種) 절입일시 : 6월 06일 15:39)													~하지~			하지(夏至) 절입일시 : 6월 22일 12:50)								
월건	기사(己巳) 월																					경오(庚午) 월								
기타																														

7월

양력	1	2	3	4	5	6	7	8	9	10	11	12	13	14	15	16	17	18	19	20	21	22	23	24	25	26	27	28	29	30	31
요일	수	목	금	토	일	월	화	수	목	금	토	일	월	화	수	목	금	토	일	월	화	수	목	금	토	일	월	화	수	목	금
음력	26	27	28	29	30	6월	2	3	4	5	6	7	8	9	10	11	12	13	14	15	16	17	18	19	20	21	22	23	24	25	26
일진	甲申	乙酉	丙戌	丁亥	戊子	己丑	庚寅	辛卯	壬辰	癸巳	甲午	乙未	丙申	丁酉	戊戌	己亥	庚子	辛丑	壬寅	癸卯	甲辰	乙巳	丙午	丁未	戊申	己酉	庚戌	辛亥	壬子	癸丑	甲寅
대운	3	3	4	4	4	5	5	5	6	6	6	7	7	7	8	8	8	9	9	9	0	0	0	0	1	1	1	2	2	2	3
절기				~하지~													소서(小暑) 절입시 : 양력 7월 08일 06:20											대서(大暑) 절입시 : 양력 7월 23일 23:45			
월건													경오(庚午) 월																신미(辛未) 월		
기타																															

8월

양력	1	2	3	4	5	6	7	8	9	10	11	12	13	14	15	16	17	18	19	20	21	22	23	24	25	26	27	28	29	30	31
요일	토	일	월	화	수	목	금	토	일	월	화	수	목	금	토	일	월	화	수	목	금	토	일	월	화	수	목	금	토	일	월
음력	27	28	29	7월	2	3	4	5	6	7	8	9	10	11	12	13	14	15	16	17	18	19	20	21	22	23	24	25	26	27	28
일진	乙卯	丙辰	丁巳	戊午	己未	庚申	辛酉	壬戌	癸亥	甲子	乙丑	丙寅	丁卯	戊辰	己巳	庚午	辛未	壬申	癸酉	甲戌	乙亥	丙子	丁丑	戊寅	己卯	庚辰	辛巳	壬午	癸未	甲申	乙酉
대운	3	3	3	4	4	5	5	6	6	6	7	7	8	8	8	9	9	9	9	0	0	0	1	1	2	2	2	2	2	2	2
절기				~대서~				입추(立秋) 절입시 : 양력 8월 08일 16:04																처서(處暑) 절입시 : 양력 8월 24일 06:44							
월건												신미(辛未) 월												임신(壬申) 월							
기타																															

9월

양력	1	2	3	4	5	6	7	8	9	10	11	12	13	14	15	16	17	18	19	20	21	22	23	24	25	26	27	28	29	30
요일	화	수	목	금	토	일	월	화	수	목	금	토	일	월	화	수	목	금	토	일	월	화	수	목	금	토	일	월	화	수
음력	29	30	8월	2	3	4	5	6	7	8	9	10	11	12	13	14	15	16	17	18	19	20	21	22	23	24	25	26	27	28
일진	丙戌	丁亥	戊子	己丑	庚寅	辛卯	壬辰	癸巳	甲午	乙未	丙申	丁酉	戊戌	己亥	庚子	辛丑	壬寅	癸卯	甲辰	乙巳	丙午	丁未	戊申	己酉	庚戌	辛亥	壬子	癸丑	甲寅	乙卯
대운	3	3	3	2	4	4	5	5	5	6	6	6	7	7	8	8	8	8	9	9	9	0	0	0	1	1	2	2	2	2
절기	백로(白露) 절입시 양력 9월 8일 18:48																							추분(秋分) 절입시 양력 9월 24일 04:08						
월건	임신(壬申)월																							계유(癸酉)월						
기타	~처서~																													

10월

양력	1	2	3	4	5	6	7	8	9	10	11	12	13	14	15	16	17	18	19	20	21	22	23	24	25	26	27	28	29	30	31
요일	목	금	토	일	월	화	수	목	금	토	일	월	화	수	목	금	토	일	월	화	수	목	금	토	일	월	화	수	목	금	토
음력	29	9월	3	4	5	6	7	8	9	10	11	12	13	14	15	16	17	18	19	20	21	22	23	24	25	26	27	28	29	30	10월
일진	丙辰	丁巳	戊午	己未	庚申	辛酉	壬戌	癸亥	甲子	乙丑	丙寅	丁卯	戊辰	己巳	庚午	辛未	壬申	癸酉	甲戌	乙亥	丙子	丁丑	戊寅	己卯	庚辰	辛巳	壬午	癸未	甲申	乙酉	丙戌
대운	2	3	3	3	4	4	4	5	5	5	6	6	6	7	7	8	8	8	9	9	9	9	0	0	1	1	2	2	2	2	2
절기	한로(寒露) 절입시 양력 10월 09일 10:10																							상강(霜降) 절입시 양력 10월 24일 13:11							
월건	계유(癸酉)월																							갑술(甲戌)월							
기타	~추분												추분~																		

11월

구분	1	2	3	4	5	6	7	8	9	10	11	12	13	14	15	16	17	18	19	20	21	22	23	24	25	26	27	28	29	30
양력	1	2	3	4	5	6	7	8	9	10	11	12	13	14	15	16	17	18	19	20	21	22	23	24	25	26	27	28	29	30
요일	일	월	화	수	목	금	토	일	월	화	수	목	금	토	일	월	화	수	목	금	토	일	월	화	수	목	금	토	일	월
음력	10월	2	3	4	5	6	7	8	9	10	11	12	13	14	15	16	17	18	19	20	21	22	23	24	25	26	27	28	29	11월
일진	丁亥	戊子	己丑	庚寅	辛卯	壬辰	癸巳	甲午	乙未	丙申	丁酉	戊戌	己亥	庚子	辛丑	壬寅	癸卯	甲辰	乙巳	丙午	丁未	戊申	己酉	庚戌	辛亥	壬子	癸丑	甲寅	乙卯	丙辰
대운	3	3	3	4	4	4	5	5	5	6	6	6	7	7	7	8	8	8	9	9	9	0	0	0	1	1	1	2	2	2

- 절기: ~ 상강 ~ / 입동(立冬) 절입일시 : 양력 11월 08일 13:02 / 소설(小雪) 절입일시 : 양력 11월 23일 10:27
- 월건: 갑술(甲戌) 월 / 을해(乙亥) 월
- 기타:

12월

구분	1	2	3	4	5	6	7	8	9	10	11	12	13	14	15	16	17	18	19	20	21	22	23	24	25	26	27	28	29	30	31
양력	1	2	3	4	5	6	7	8	9	10	11	12	13	14	15	16	17	18	19	20	21	22	23	24	25	26	27	28	29	30	31
요일	화	수	목	금	토	일	월	화	수	목	금	토	일	월	화	수	목	금	토	일	월	화	수	목	금	토	일	월	화	수	목
음력	2	3	4	5	6	7	8	9	10	11	12	13	14	15	16	17	18	19	20	21	22	23	24	25	26	27	28	29	30	12월	2
일진	丁巳	戊午	己未	庚申	辛酉	壬戌	癸亥	甲子	乙丑	丙寅	丁卯	戊辰	己巳	庚午	辛未	壬申	癸酉	甲戌	乙亥	丙子	丁丑	戊寅	己卯	庚辰	辛巳	壬午	癸未	甲申	乙酉	丙戌	丁亥
대운	3	3	3	4	4	4	5	5	5	6	6	6	7	7	7	8	8	8	9	9	9	0	0	0	1	1	1	2	2	2	3

- 절기: ~ 소설 ~ / 대설(大雪) 절입일시 : 양력 12월 08일 05:37 / 동지(冬至) 절입일시 : 양력 12월 22일 23:34
- 월건: 을해(乙亥) 월 / 병자(丙子) 월
- 기타:

첨부 2
1960년도 도솔명리만세력

1960년 (경자년 : 庚子年)

1월

(기해년 동지 12/22일 23:34부터 잔여시일 9일 30분)

양력	1	2	3	4	5	6	7	8	9	10	11	12	13	14	15	16	17	18	19	20	21	22	23	24	25	26	27	28	29	30	31
요일	금	토	일	월	화	수	목	금	토	일	월	화	수	목	금	토	일	월	화	수	목	금	토	일	월	화	수	목	금	토	일
음력	3	4	5	6	7	8	9	10	11	12	13	14	15	16	17	18	19	20	21	22	23	24	25	26	27	28	29	정월	2	3	4
일진	戊子	己丑	庚寅	辛卯	壬辰	癸巳	甲午	乙未	丙申	丁酉	戊戌	己亥	庚子	辛丑	壬寅	癸卯	甲辰	乙巳	丙午	丁未	戊申	己酉	庚戌	辛亥	壬子	癸丑	甲寅	乙卯	丙辰	丁巳	戊午
대운	3	4	4	5	5	8	9	10	6	6	13	7	7	7	8	8	19	20	21	0	0	0	25	26	27	28	29	절월	2	3	4
절기			~동지 ~									소한(小寒) 절입일시 : 음력 1월 06일 16:42)												대한(大寒) 절입일시 : 음력 1월 21일 10:10)							
절건										병자(丙子) 월														정축(丁丑) 월							
기타																															

2월

양력	1	2	3	4	5	6	7	8	9	10	11	12	13	14	15	16	17	18	19	20	21	22	23	24	25	26	27	28	29
요일	월	화	수	목	금	토	일	월	화	수	목	금	토	일	월	화	수	목	금	토	일	월	화	수	목	금	토	일	월
음력	5	6	7	8	9	10	11	12	13	14	15	16	17	18	19	20	21	22	23	24	25	26	27	28	29	30	2월	2	3
일진	己未	庚申	辛酉	壬戌	癸亥	甲子	乙丑	丙寅	丁卯	戊辰	己巳	庚午	辛未	壬申	癸酉	甲戌	乙亥	丙子	丁丑	戊寅	己卯	庚辰	辛巳	壬午	癸未	甲申	乙酉	丙戌	丁亥
대운	4	4	4	5	5	6	6	12	13	14	15	16	23	18	8	20	9	22	0	0	25	26	27	28	29	30	2월	2	3
절기					입춘(立春) 절입일시 : 음력 2월 05일 04:23)														우수(雨水) 절입일시 : 음력 2월 19일 00:26)											
절건										정축(丁丑) 월													무인(戊寅) 월						
기타					기해(己亥)년 ▲																		▶ 도솔명리학 식(式)의 경자(庚子)년 시작						

부록 2

3월

양력	1	2	3	4	5	6	7	8	9	10	11	12	13	14	15	16	17	18	19	20	21	22	23	24	25	26	27	28	29	30	31
요일	화	수	목	금	토	일	월	화	수	목	금	토	일	월	화	수	목	금	토	일	월	화	수	목	금	토	일	월	화	수	목
음력	4	5	6	7	8	9	10	11	12	13	14	15	16	17	18	19	20	21	22	23	24	25	26	27	28	29	3월	2	3	4	5
일진	戊子	己丑	庚寅	辛卯	壬辰	癸巳	甲午	乙未	丙申	丁酉	戊戌	己亥	庚子	辛丑	壬寅	癸卯	甲辰	乙巳	丙午	丁未	戊申	己酉	庚戌	辛亥	壬子	癸丑	甲寅	乙卯	丙辰	丁巳	戊午
대운	4	4	5	5	5	5	6	6	6	7	7	7	8	8	8	9	9	9	0	0	0	1	1	1	2	2	3	3	3	3	4
절기	~우수~										경칩(驚蟄) 절입일시 : 양력 3월 05일 22:36														춘분(春分) 절입일시 : 양력 3월 20일 23:43						
월건	무인(戊寅) 월																								기묘(己卯) 월						
기타																															

4월

양력	1	2	3	4	5	6	7	8	9	10	11	12	13	14	15	16	17	18	19	20	21	22	23	24	25	26	27	28	29	30
요일	금	토	일	월	화	수	목	금	토	일	월	화	수	목	금	토	일	월	화	수	목	금	토	일	월	화	수	목	금	토
음력	6	7	8	9	10	11	12	13	14	15	16	17	18	19	20	21	22	23	24	25	26	27	28	29	30	4월	2	3	4	5
일진	己未	庚申	辛酉	壬戌	癸亥	甲子	乙丑	丙寅	丁卯	戊辰	己巳	庚午	辛未	壬申	癸酉	甲戌	乙亥	丙子	丁丑	戊寅	己卯	庚辰	辛巳	壬午	癸未	甲申	乙酉	丙戌	丁亥	戊子
대운	4	5	5	5	6	6	6	7	7	7	8	8	8	9	9	9	9	0	0	0	0	1	1	1	2	2	2	3	3	3
절기	~춘분				청명(淸明) 절입일시 : 양력 4월 05일 03:44															곡우(穀雨) 절입일시 : 양력 4월 20일 11:06										
월건	기묘(己卯) 월																								경진(庚辰) 월					
기타																														

5월

양력	1	2	3	4	5	6	7	8	9	10	11	12	13	14	15	16	17	18	19	20	21	22	23	24	25	26	27	28	29	30	31
요일	일	월	화	수	목	금	토	일	월	화	수	목	금	토	일	월	화	수	목	금	토	일	월	화	수	목	금	토	일	월	화
음력	6	7	8	9	10	11	12	13	14	15	16	17	18	19	20	21	22	23	24	25	26	27	28	29	5월	2	3	4	5	6	7
일진	己丑	庚寅	辛卯	壬辰	癸巳	甲午	乙未	丙申	丁酉	戊戌	己亥	庚子	辛丑	壬寅	癸卯	甲辰	乙巳	丙午	丁未	戊申	己酉	庚戌	辛亥	壬子	癸丑	甲寅	乙卯	丙辰	丁巳	戊午	己未
대운	4	4	4	5	5	5	6	6	6	7	7	7	8	8	8	9	9	9	0	0	0	0	0	0	1	2	2	2	3	3	3

절기: ~ 곡우 · 입하(立夏) 절입시:5월 05일 21:23 · 소만(小滿) 절입시:양력 5월 21일 10:34
월건: 경진(庚辰)월 · 신사(辛巳)월
기타:

6월

양력	1	2	3	4	5	6	7	8	9	10	11	12	13	14	15	16	17	18	19	20	21	22	23	24	25	26	27	28	29	30
요일	수	목	금	토	일	월	화	수	목	금	토	일	월	화	수	목	금	토	일	월	화	수	목	금	토	일	월	화	수	목
음력	8	9	10	11	12	13	14	15	16	17	18	19	20	21	22	23	24	25	26	27	28	29	30	6월	2	3	4	5	6	7
일진	庚申	辛酉	壬戌	癸亥	甲子	乙丑	丙寅	丁卯	戊辰	己巳	庚午	辛未	壬申	癸酉	甲戌	乙亥	丙子	丁丑	戊寅	己卯	庚辰	辛巳	壬午	癸未	甲申	乙酉	丙戌	丁亥	戊子	己丑
대운	4	4	5	5	5	6	6	6	7	7	7	8	8	8	9	9	9	0	0	0	0	0	0	1	2	2	2	3	3	3

절기: ~ 소만 · 망종(芒種) 절입시: 6월 06일 01:49 · 하지(夏至) 절입시:6월 21일 18:42
월건: 신사(辛巳)월 · 임오(壬午)월
기타:

7월

구분	1	2	3	4	5	6	7	8	9	10	11	12	13	14	15	16	17	18	19	20	21	22	23	24	25	26	27	28	29	30	31
양력	1	2	3	4	5	6	7	8	9	10	11	12	13	14	15	16	17	18	19	20	21	22	23	24	25	26	27	28	29	30	31
요일	금	토	일	월	화	수	목	금	토	일	월	화	수	목	금	토	일	월	화	수	목	금	토	일	월	화	수	목	금	토	일
음력	8	9	10	11	12	13	14	15	16	17	18	19	20	21	22	23	24	25	26	27	28	29	30	윤6월	2	3	4	5	6	7	8
일진	庚寅	辛卯	壬辰	癸巳	甲午	乙未	丙申	丁酉	戊戌	己亥	庚子	辛丑	壬寅	癸卯	甲辰	乙巳	丙午	丁未	戊申	己酉	庚戌	辛亥	壬子	癸丑	甲寅	乙卯	丙辰	丁巳	戊午	己未	庚申
대운	3	4	4	4	5	5	5	6	6	6	7	7	8	8	9	9	9	9	0	0	0	0	0	0	1	1	1	1	2	2	3

- 절기 : ~ 하지 ~ / 소서(小暑) 절입일시 : 양력 7월 07일 12:13 / 대서(大暑) 절입일시 : 양력 7월 23일 05:37
- 월건 : 임오(壬午) 월 / 계미(癸未) 월
- 기타 :

8월

구분	1	2	3	4	5	6	7	8	9	10	11	12	13	14	15	16	17	18	19	20	21	22	23	24	25	26	27	28	29	30	31
양력	1	2	3	4	5	6	7	8	9	10	11	12	13	14	15	16	17	18	19	20	21	22	23	24	25	26	27	28	29	30	31
요일	월	화	수	목	금	토	일	월	화	수	목	금	토	일	월	화	수	목	금	토	일	월	화	수	목	금	토	일	월	화	수
음력	9	10	11	12	13	14	15	16	17	18	19	20	21	22	23	24	25	26	27	28	29	7월	2	3	4	5	6	7	8	9	10
일진	辛酉	壬戌	癸亥	甲子	乙丑	丙寅	丁卯	戊辰	己巳	庚午	辛未	壬申	癸酉	甲戌	乙亥	丙子	丁丑	戊寅	己卯	庚辰	辛巳	壬午	癸未	甲申	乙酉	丙戌	丁亥	戊子	己丑	庚寅	辛卯
대운	3	3	4	4	4	5	5	5	6	6	6	7	7	7	8	8	8	9	9	9	9	0	0	0	0	1	1	1	2	2	3

- 절기 : ~ 대서 ~ / 입추(立秋) 절입일시 : 양력 8월 07일 22:00 / 처서(處暑) 절입일시 : 양력 8월 23일 12:34
- 월건 : 계미(癸未) 월 / 갑신(甲申) 월
- 기타 :

9월

구분	1	2	3	4	5	6	7	8	9	10	11	12	13	14	15	16	17	18	19	20	21	22	23	24	25	26	27	28	29	30
양력	1	2	3	4	5	6	7	8	9	10	11	12	13	14	15	16	17	18	19	20	21	22	23	24	25	26	27	28	29	30
요일	목	금	토	일	월	화	수	목	금	토	일	월	화	수	목	금	토	일	월	화	수	목	금	토	일	월	화	수	목	금
음력	11	12	13	14	15	16	17	18	19	20	21	22	23	24	25	26	27	28	29	30	8월	2	3	4	5	6	7	8	9	10
일진	壬辰	癸巳	甲午	乙未	丙申	丁酉	戊戌	己亥	庚子	辛丑	壬寅	癸卯	甲辰	乙巳	丙午	丁未	戊申	己酉	庚戌	辛亥	壬子	癸丑	甲寅	乙卯	丙辰	丁巳	戊午	己未	庚申	辛酉
대운	3	3	4	4	4	5	5	5	6	6	6	7	7	7	8	8	8	9	9	9	0	0	0	0	1	1	1	2	2	2
절기				~처서~				백로(白露) 절입일시: 양력 9월8일 00:45															추분(秋分) 절입일시: 양력 9월23일 09:59							
월건				갑신(甲申)월															음유(乙酉)월											
기타																														

10월

구분	1	2	3	4	5	6	7	8	9	10	11	12	13	14	15	16	17	18	19	20	21	22	23	24	25	26	27	28	29	30	31
양력	1	2	3	4	5	6	7	8	9	10	11	12	13	14	15	16	17	18	19	20	21	22	23	24	25	26	27	28	29	30	31
요일	토	일	월	화	수	목	금	토	일	월	화	수	목	금	토	일	월	화	수	목	금	토	일	월	화	수	목	금	토	일	월
음력	11	12	13	14	15	16	17	18	19	20	21	22	23	24	25	26	27	28	29	9월	2	3	4	5	6	7	8	9	10	11	12
일진	壬戌	癸亥	甲子	乙丑	丙寅	丁卯	戊辰	己巳	庚午	辛未	壬申	癸酉	甲戌	乙亥	丙子	丁丑	戊寅	己卯	庚辰	辛巳	壬午	癸未	甲申	乙酉	丙戌	丁亥	戊子	己丑	庚寅	辛卯	壬辰
대운	3	3	3	4	4	4	5	5	5	6	6	6	7	7	7	8	8	8	9	9	9	0	0	0	1	1	1	2	2	2	3
절기				~추분~				한로(寒露) 절입일시: 양력 10월08일 16:09															상강(霜降) 절입일시: 양력 10월23일 19:02								
월건				음유(乙酉)월															병술(丙戌)월												
기타																															

11월

양력	1	2	3	4	5	6	7	8	9	10	11	12	13	14	15	16	17	18	19	20	21	22	23	24	25	26	27	28	29	30
요일	화	수	목	금	토	일	월	화	수	목	금	토	일	월	화	수	목	금	토	일	월	화	수	목	금	토	일	월	화	수
음력	13	14	15	16	17	18	19	20	21	22	23	24	25	26	27	28	29	30	10월	2	3	4	5	6	7	8	9	10	11	12
입절	癸巳	甲午	乙未	丙申	丁酉	戊戌	己亥	庚子	辛丑	壬寅	癸卯	甲辰	乙巳	丙午	丁未	戊申	己酉	庚戌	辛亥	壬子	癸丑	甲寅	乙卯	丙辰	丁巳	戊午	己未	庚申	辛酉	壬戌
대운	3	3	4	4	4	5	5	5	6	6	6	7	7	7	8	8	8	9	9	9	0	0	0	1	1	1	2	2	2	3

절기 : ~ 상강 ~   입동(立冬) 절입일시 : 양력 11월 07일 19:02   소설(小雪) 절입일시 : 양력 11월 22일 16:18

월건 : 병술(丙戌) 월   정해(丁亥) 월

기타 :

12월

양력	1	2	3	4	5	6	7	8	9	10	11	12	13	14	15	16	17	18	19	20	21	22	23	24	25	26	27	28	29	30	31
요일	목	금	토	일	월	화	수	목	금	토	일	월	화	수	목	금	토	일	월	화	수	목	금	토	일	월	화	수	목	금	토
음력	13	14	15	16	17	18	19	20	21	22	23	24	25	26	27	28	29	11월	2	3	4	5	6	7	8	9	10	11	12	13	14
입절	癸亥	甲子	乙丑	丙寅	丁卯	戊辰	己巳	庚午	辛未	壬申	癸酉	甲戌	乙亥	丙子	丁丑	戊寅	己卯	庚辰	辛巳	壬午	癸未	甲申	乙酉	丙戌	丁亥	戊子	己丑	庚寅	辛卯	壬辰	癸巳
대운	3	3	4	4	4	5	5	5	6	6	6	7	7	7	8	8	8	9	9	9	0	0	0	1	1	1	2	2	2	3	3

절기 : ~ 소설 ~   대설(大雪) 절입일시 : 양력 12월 07일 11:38   동지(冬至) 절입일시 : 양력 12월 22일 05:26

월건 : 정해(丁亥) 월   무자(戊子) 월

기타 :

첨부 3

1961년도 도솔명리만세력

1961년 (신축년 : 辛丑年)

(경자년 동지(冬至), 절입일시 : 양력 12월 22일 05:26)

1월

양력	1	2	3	4	5	6	7	8	9	10	11	12	13	14	15	16	17	18	19	20	21	22	23	24	25	26	27	28	29	30	31
요일	일	월	화	수	목	금	토	일	월	화	수	목	금	토	일	월	화	수	목	금	토	일	월	화	수	목	금	토	일	월	화
음력	15	16	17	18	19	20	21	22	23	24	25	26	27	28	29	30	12월	2	3	4	5	6	7	8	9	10	11	12	13	14	15
일진	甲午	乙未	丙申	丁酉	戊戌	己亥	庚子	辛丑	壬寅	癸卯	甲辰	乙巳	丙午	丁未	戊申	己酉	庚戌	辛亥	壬子	癸丑	甲寅	乙卯	丙辰	丁巳	戊午	己未	庚申	辛酉	壬戌	癸亥	甲子
대운	3	4	4	4	5	5	5	6	6	6	7	7	7	8	8	8	9	9	9	0	0	0	1	1	1	2	2	2	3	3	4

- 절기 : ~ 동지 ~ / 소한(小寒) 절입일시 : 양력 1월 05일 10:43 / 대한(大寒) 절입일시 : 양력 1월 20일 16:01
- 월건 : 무자(戊子) 월 / 기축(己丑) 월
- 기타 :

2월

양력	1	2	3	4	5	6	7	8	9	10	11	12	13	14	15	16	17	18	19	20	21	22	23	24	25	26	27	28
요일	수	목	금	토	일	월	화	수	목	금	토	일	월	화	수	목	금	토	일	월	화	수	목	금	토	일	월	화
음력	16	17	18	19	20	21	22	23	24	25	26	27	28	29	정월	2	3	4	5	6	7	8	9	10	11	12	13	14
일진	乙丑	丙寅	丁卯	戊辰	己巳	庚午	辛未	壬申	癸酉	甲戌	乙亥	丙子	丁丑	戊寅	己卯	庚辰	辛巳	壬午	癸未	甲申	乙酉	丙戌	丁亥	戊子	己丑	庚寅	辛卯	壬辰
대운	4	4	5	5	5	6	6	6	7	7	7	8	8	8	9	9	9	0	0	0	1	1	1	2	2	2	3	3

- 절기 : ~ 대한 ~ / 입춘(立春) 절입일시 : 양력 2월 04일 10:22 / 우수(雨水) 절입일시 : 양력 2월 19일 06:16
- 월건 : 기축(己丑) 월 / 경인(庚寅) 월
- 기타 : 경자(庚子)년 ▲ / 경자(庚子)년 / 경인(庚寅) ▲ 도솔명리력 식 신축(辛丑)년 시작

3월

양력	1	2	3	4	5	6	7	8	9	10	11	12	13	14	15	16	17	18	19	20	21	22	23	24	25	26	27	28	29	30	31
요일	수	목	금	토	일	월	화	수	목	금	토	일	월	화	수	목	금	토	일	월	화	수	목	금	토	일	월	화	수	목	금
음력	15	16	17	18	19	20	21	22	23	24	25	26	27	28	29	30	2월	2	3	4	5	6	7	8	9	10	11	12	13	14	15
일진	癸巳	甲午	乙未	丙申	丁酉	戊戌	己亥	庚子	辛丑	壬寅	癸卯	甲辰	乙巳	丙午	丁未	戊申	己酉	庚戌	辛亥	壬子	癸丑	甲寅	乙卯	丙辰	丁巳	戊午	己未	庚申	辛酉	壬戌	癸亥
대운	3	4	4	4	5	5	5	6	6	6	7	7	7	8	8	8	9	9	9	0	0	0	1	1	1	2	2	2	3	3	3

절기 : ~우수~ / 경칩(驚蟄) 절입시 : 양력 3월 06일 04:35 / 춘분(春分) 절입시 : 양력 3월 21일 05:32

월건 : 경인(庚寅) 월 / 신묘(辛卯) 월

기타 :

4월

양력	1	2	3	4	5	6	7	8	9	10	11	12	13	14	15	16	17	18	19	20	21	22	23	24	25	26	27	28	29	30
요일	토	일	월	화	수	목	금	토	일	월	화	수	목	금	토	일	월	화	수	목	금	토	일	월	화	수	목	금	토	일
음력	16	17	18	19	20	21	22	23	24	25	26	27	28	29	3월	2	3	4	5	6	7	8	9	10	11	12	13	14	15	16
일진	甲子	乙丑	丙寅	丁卯	戊辰	己巳	庚午	辛未	壬申	癸酉	甲戌	乙亥	丙子	丁丑	戊寅	己卯	庚辰	辛巳	壬午	癸未	甲申	乙酉	丙戌	丁亥	戊子	己丑	庚寅	辛卯	壬辰	癸巳
대운	4	4	4	5	5	5	6	6	6	7	7	7	8	8	8	9	9	9	0	0	0	1	1	1	2	2	2	3	3	3

절기 : ~춘분~ / 청명(淸明) 절입시 : 양력 4월 05일 09:42 / 곡우(穀雨) 절입시 : 양력 4월 20일 16:55

월건 : 신묘(辛卯) 월 / 임진(壬辰) 월

기타 :

5월

양력	1	2	3	4	5	6	7	8	9	10	11	12	13	14	15	16	17	18	19	20	21	22	23	24	25	26	27	28	29	30	31
요일	월	화	수	목	금	토	일	월	화	수	목	금	토	일	월	화	수	목	금	토	일	월	화	수	목	금	토	일	월	화	수
음력	17	18	19	20	21	22	23	24	25	26	27	28	29	30	4월	2	3	4	5	6	7	8	9	10	11	12	13	14	15	16	17
일진	甲午	乙未	丙申	丁酉	戊戌	己亥	庚子	辛丑	壬寅	癸卯	甲辰	乙巳	丙午	丁未	戊申	己酉	庚戌	辛亥	壬子	癸丑	甲寅	乙卯	丙辰	丁巳	戊午	己未	庚申	辛酉	壬戌	癸亥	甲子
대운	4	4	4	5	5	5	6	6	6	7	7	8	8	8	8	9	9	9	0	0	0	0	1	1	1	2	2	2	3	3	3

절기: ~곡우~ 입하(立夏) 절입일시: 5월 06일 03:21 소만(小滿) 절입일시: 양력 5월 21일 16:22

월건: 임진(壬辰)월 / 계사(癸巳)월

기타:

6월

양력	1	2	3	4	5	6	7	8	9	10	11	12	13	14	15	16	17	18	19	20	21	22	23	24	25	26	27	28	29	30
요일	목	금	토	일	월	화	수	목	금	토	일	월	화	수	목	금	토	일	월	화	수	목	금	토	일	월	화	수	목	금
음력	18	19	20	21	22	23	24	25	26	27	28	29	5월	2	3	4	5	6	7	8	9	10	11	12	13	14	15	16	17	18
일진	乙丑	丙寅	丁卯	戊辰	己巳	庚午	辛未	壬申	癸酉	甲戌	乙亥	丙子	丁丑	戊寅	己卯	庚辰	辛巳	壬午	癸未	甲申	乙酉	丙戌	丁亥	戊子	己丑	庚寅	辛卯	壬辰	癸巳	甲午
대운	4	4	4	5	5	5	6	6	6	7	7	8	8	8	9	9	9	0	0	0	0	1	1	1	2	2	2	3	3	3

절기: ~소만 망종(芒種) 절입일시: 6월 06일 07:46 하지(夏至) 절입일시: 6월 22일 00:30

월건: 계사(癸巳)월 / 갑오(甲午)월

기타:

7월

양력	1	2	3	4	5	6	7	8	9	10	11	12	13	14	15	16	17	18	19	20	21	22	23	24	25	26	27	28	29	30	31
요일	토	일	월	화	수	목	금	토	일	월	화	수	목	금	토	일	월	화	수	목	금	토	일	월	화	수	목	금	토	일	월
음력	19	20	21	22	23	24	25	26	27	28	29	30	6월	2	3	4	5	6	7	8	9	10	11	12	13	14	15	16	17	18	19
일진	乙未	丙申	丁酉	戊戌	己亥	庚子	辛丑	壬寅	癸卯	甲辰	乙巳	丙午	丁未	戊申	己酉	庚戌	辛亥	壬子	癸丑	甲寅	乙卯	丙辰	丁巳	戊午	己未	庚申	辛酉	壬戌	癸亥	甲子	乙丑
대운	3	3	4	4	4	5	5	5	6	6	6	7	6월	7	8	8	8	9	9	9	0	0	0	1	1	1	1	2	2	2	3
절기			~ 하지 ~									소서(小暑) 절입일시 : 양력 7월 07일 18:07)												대서(大暑) 절입일시 : 양력 7월 23일 11:24)							
월건									갑오(甲午) 월																을미(乙未) 월						
기타																															

8월

양력	1	2	3	4	5	6	7	8	9	10	11	12	13	14	15	16	17	18	19	20	21	22	23	24	25	26	27	28	29	30	31
요일	화	수	목	금	토	일	월	화	수	목	금	토	일	월	화	수	목	금	토	일	월	화	수	목	금	토	일	월	화	수	목
음력	20	21	22	23	24	25	26	27	28	29	7월	2	3	4	5	6	7	8	9	10	11	12	13	14	15	16	17	18	19	20	21
일진	丙寅	丁卯	戊辰	己巳	庚午	辛未	壬申	癸酉	甲戌	乙亥	丙子	丁丑	戊寅	己卯	庚辰	辛巳	壬午	癸未	甲申	乙酉	丙戌	丁亥	戊子	己丑	庚寅	辛卯	壬辰	癸巳	甲午	乙未	丙申
대운	3	3	3	4	4	5	5	5	6	6	7	7	7	8	8	8	9	9	9	0	0	0	1	1	1	2	2	2	3	3	3
절기			~ 대서 ~				입추(立秋) 절입일시 : 양력 8월 08일 03:48)																처서(處暑) 절입일시 : 양력 8월 23일 18:19)								
월건											을미(乙未) 월												병신(丙申) 월								
기타																																

9월

양력	1	2	3	4	5	6	7	8	9	10	11	12	13	14	15	16	17	18	19	20	21	22	23	24	25	26	27	28	29	30
요일	금	토	일	월	화	수	목	금	토	일	월	화	수	목	금	토	일	월	화	수	목	금	토	일	월	화	수	목	금	토
음력	22	23	24	25	26	27	28	29	30	8월	2	3	4	5	6	7	8	9	10	11	12	13	14	15	16	17	18	19	20	21
일진	丁酉	戊戌	己亥	庚子	辛丑	壬寅	癸卯	甲辰	乙巳	丙午	丁未	戊申	己酉	庚戌	辛亥	壬子	癸丑	甲寅	乙卯	丙辰	丁巳	戊午	己未	庚申	辛酉	壬戌	癸亥	甲子	乙丑	丙寅
대운	3	3	3	4	4	5	5	5	6	6	6	7	7	7	8	8	8	9	9	9	0	0	0	1	1	1	2	2	2	2

절기: ~처서~　백로(白露) 절입일시 : 양력 9월 8일 06:29　추분(秋分) 절입일시 : 양력 9월 23일 15:42

월건: 병신(丙申) 월　정유(丁酉) 월

기타:

10월

양력	1	2	3	4	5	6	7	8	9	10	11	12	13	14	15	16	17	18	19	20	21	22	23	24	25	26	27	28	29	30	31
요일	일	월	화	수	목	금	토	일	월	화	수	목	금	토	일	월	화	수	목	금	토	일	월	화	수	목	금	토	일	월	화
음력	22	23	24	25	26	27	28	29	30	9월	2	3	4	5	6	7	8	9	10	11	12	13	14	15	16	17	18	19	20	21	22
일진	丁卯	戊辰	己巳	庚午	辛未	壬申	癸酉	甲戌	乙亥	丙子	丁丑	戊寅	己卯	庚辰	辛巳	壬午	癸未	甲申	乙酉	丙戌	丁亥	戊子	己丑	庚寅	辛卯	壬辰	癸巳	甲午	乙未	丙申	丁酉
대운	3	3	3	4	4	5	5	5	6	6	7	7	7	8	8	8	9	9	0	0	0	1	1	0	0	1	1	1	2	2	2

절기: ~추분~　한로(寒露) 절입일시 : 양력 10월 08일 21:51　상강(霜降) 절입일시 : 양력 10월 24일 00:47

월건: 정유(丁酉) 월　무술(戊戌) 월

기타:

11월

양력	1	2	3	4	5	6	7	8	9	10	11	12	13	14	15	16	17	18	19	20	21	22	23	24	25	26	27	28	29	30
요일	수	목	금	토	일	월	화	수	목	금	토	일	월	화	수	목	금	토	일	월	화	수	목	금	토	일	월	화	수	목
음력	23	24	25	26	27	28	29	10월	2	3	4	5	6	7	8	9	10	11	12	13	14	15	16	17	18	19	20	21	22	23
일진	戊戌	己亥	庚子	辛丑	壬寅	癸卯	甲辰	乙巳	丙午	丁未	戊申	己酉	庚戌	辛亥	壬子	癸丑	甲寅	乙卯	丙辰	丁巳	戊午	己未	庚申	辛酉	壬戌	癸亥	甲子	乙丑	丙寅	丁卯
대운	3	3	3	4	4	4	5	5	5	6	6	6	7	7	7	8	8	8	9	9	9	0	0	1	1	1	2	2	2	3
절기								입동(立冬) 절입일시 : 양력 11월 08일 00:46															소설(小雪) 절입일시 : 양력 11월 22일 22:08							
월건										무술(戊戌) 월													기해(己亥) 월							
기타					~ 상강 ~																									

12월

양력	1	2	3	4	5	6	7	8	9	10	11	12	13	14	15	16	17	18	19	20	21	22	23	24	25	26	27	28	29	30	31
요일	금	토	일	월	화	수	목	금	토	일	월	화	수	목	금	토	일	월	화	수	목	금	토	일	월	화	수	목	금	토	일
음력	24	25	26	27	28	29	30	11월	2	3	4	5	6	7	8	9	10	11	12	13	14	15	16	17	18	19	20	21	22	23	24
일진	戊辰	己巳	庚午	辛未	壬申	癸酉	甲戌	乙亥	丙子	丁丑	戊寅	己卯	庚辰	辛巳	壬午	癸未	甲申	乙酉	丙戌	丁亥	戊子	己丑	庚寅	辛卯	壬辰	癸巳	甲午	乙未	丙申	丁酉	戊戌
대운	3	3	3	4	4	5	5	5	6	6	6	7	7	7	8	8	9	9	9	0	0	1	1	1	2	2	2	3	3	3	3
절기							대설(大雪) 절입일시 : 양력 12월 07일 17:26															동지(冬至) 절입일시 : 양력 12월 22일 11:19									
월건											기해(己亥) 월												경자(庚子) 월								
기타				~ 소설 ~